课堂教学中的心理效应

主编◎何朝东

天津出版传媒集团
天津教育出版社
TIANJIN EDUCATION PRESS

图书在版编目（CIP）数据

课堂教学中的心理效应 / 何朝东主编. -- 天津 ：
天津教育出版社，2019.10
（教学影响力与班级新管理）
ISBN 978-7-5309-8344-7

Ⅰ.①课… Ⅱ.①何… Ⅲ.①课堂教学－教学研究－
中小学 Ⅳ.①G632.421

中国版本图书馆 CIP 数据核字（2019）第236350号

课堂教学中的心理效应

出版人　黄　沛

主　　编　何朝东
选题策划　杨再鹏　王俊杰
责任编辑　吕　燚
装帧设计　郝亚娟

出版发行　天津出版传媒集团
天津教育出版社
天津市和平区西康路 35 号　邮政编码：300051
http：//www.tjeph.com.cn
经　　销　全国新华书店
印　　刷　三河市人民印务有限公司
版　　次　2019 年 10 月第 1 版第 1 次印刷
规　　格　16 开（710 毫米×960 毫米）
字　　数　200 千字
印　　张　11

定　　价　42.00 元

前言
Foreword

中山大学最年轻的客座教授杨洋说过一句话："教育改变未来，心理学改变教育。"那么，心理学何以改变教育呢？

教育领域的人，尤其是教师，他们在不断地传播知识、传播智慧，通过一代又一代人的努力改善一个民族的群体认知。要成为一个优秀的教师，除了要有情怀，还要掌握专业知识和专业技能，日复一日、年复一年地坚持下去。教育的过程，就好像牵着蜗牛在散步，需要持久的耐心，才能在未来的某一天收获成功。在这长久的坚持中，教师是逐渐磨灭了初始的热情，平淡如水地进行着机械的教学工作，还是能够坚定不移、不改初心，不时地迸发出教育智慧，让教学生涯变得丰富多彩，这对于教师是极大的考验。心理学在这一过程中就发挥了重要作用。

心理效应，是指大多数人在相同情况下或对某种相同的刺激，产生相同或相似的心理反应的现象。教学中的心理效应，则立足于普通心理学、教育心理学及社会心理学领域，从教与学两方面来探讨教学活动中的心理效应问题，着重将社会心理学领域关于心理效应的研究成果运用于教育心理学领域，用前人的理论对教学活动中的某些问题进行心理效应分析，进而解释今天教学实践中的现象或问题，因此，其在教学中有着不可低估的作用。

一个拥有心理学知识、心理状况良好的教师，就能够将心理学知识有效运用到教学中，丰富教育手段，增强教育效果，同时及时消除自己的负面情绪，永远保持教育热情，恪守教育规律，保持真善美的初心，在提升个人品位的同时，放大教育的力量，为国家和民族的未来保驾护航。

教师要学习怎样的心理学知识，又该如何运用到实际教育教学工作中呢？为了帮助教师更好地实现自我成长，为了帮助教师正确发挥心理学作用教育学生，我们组织专家学者和一线教师，编写了《课堂教学中的心理效应》一书。

全书共七个专题 27 个主题，全面解读了教师在课堂教学中能够运用到的心理学知识，具体而详细地阐述了教师要如何运用心理学效应提升课堂教学效果：

专题一：心理效应与课堂教学效果。这一专题以 4 个主题的容量，介绍了心理学是一门怎样的学科，学习这门学科有怎样的意义，对于学生的学习心理如何认识等。本专题概括说明了心理效应对于课堂教学产生的一些影响，让教师能够从大的方面有所认知。

专题二：激发学习热情的心理效应。这一专题包括4个主题，讲述了课堂教学效果的重要影响因素——学生的学习热情与心理学之间的关系，列举了首因效应、罗森塔尔效应、榜样效应、霍桑效应、南风效应、阿伦森效应、德西效应等著名的心理学效应，从激发学习热情、树立模仿榜样、激发成就动机的方面阐述了提升学生学习热情的有效方法。

专题三：提升教学效果的心理效应。这一专题关注了教师如何提升自己的教学效果，共包含4个主题，从分解教学目标、完善教学方法、合理安排时间三方面进行讲述，涉及登门槛效应、最近发展区理论、思维定式、霍布森选择效应、系列位置效应等重要的心理学知识。

专题四：提升学习效果的心理效应。这一专题与上一个专题相对应，是关注学生如何提升自己的学习效果，共包含4个主题，罗列了培养学习力、提升记忆效果、强化知识迁移的三大方法，讲述了反馈效应、21天效应、遗忘曲线、培哥效应、蝴蝶效应等心理学知识的有效运用。

专题五：因人而异开展教学的心理效应。这一专题关注了学生个体的差异，要求教师要能将学生作为独立的个体进行分别对待，囊括了多元智能理论、瓦拉赫效应、权威效应、信任效应、感情投资效应、第十名效应等内容。

专题六：增强课堂活动效果的心理效应。这一专题关注了课堂教学的一项重要形式——课堂活动，用共生效应、社会惰化效应、格林斯潘效应、刺猬效应、鲶鱼效应等知识来阐述如何提升活动效果。

专题七：有效评价促进学生发展的心理效应。这一专题讲到反馈和评价这一课堂教学的重要组成部分，对于该采取什么样的方式对学生进行评价进行了详细的阐述，列举了马太效应、暗示效应、自己人效应、晕轮效应、刻板效应等知识。

总之，教师学习心理学知识，有利于塑造自己强大的内心，并能有效运用心理学知识指导自己的教学实践，引导学生的学习，在师生良好互动的过程中，不断地提高课堂效率，教学相长，更好地践行教育功能。

目录
Contents

◎ 专题一　心理效应与课堂教学效果

当我们能够认识这些原理，并有效运用时，就能够更多地运用理性、实证的态度来对待问题，而不是冲动地运用感性和经验的态度，从而让我们成为更好的自己。之于教育，心理学的意义同样重要，无论是教师的成长、学生的发展，还是课堂教学活动、班级管理等，都离不开心理效应的影响。

◎ 专题二　激发学习热情的心理效应

孔子说：“知之者不如好之者，好之者不如乐之者。”学生最好的学习动机，莫过于他对学科本身具有内在的兴趣。充分运用各种心理学效应，有利于增强学生的这种积极的情绪反应，引导学生激发学习热情。

◎ 专题三　提升教学效果的心理效应

教师的课堂教学，只有真正唤醒和鼓舞学生积极、主动参与，确实在课堂上发挥主体精神，才能更好地推进和延续，取得良好的教学效果。教师如能通过一些心理学效应，有针对性地对学生进行鼓励，将促使教学效果得到更明显的提升。

◎ 专题四 提升学习效果的心理效应

“培育能力的事必须继续不断地去做，又必须随时改善学习方法，提高学习效率，才会成功。”教师的教与学生的学是相互的，教师在提高自己的教学质量和课堂教学效果的同时，必须关注学生是否有效地进行了学习，只有教学相长，才能真正实现学习目标。

◎ 专题五 因人而异开展教学的心理效应

教育的最终目的在于发展个人天赋的内在力量，使其经过锻炼，能人尽其才，在社会上赢得其应有的地位。每个学生的个体特征都不相同，他们的天赋能力不同，思维品质不同，教育要能针对学生的差异性，充分挖掘每一个个体的特长，才能让他们得到更好的发展。

◎ 专题六　增强课堂活动效果的心理效应

课堂教学并不单纯是教师的教与学生的学的单纯组合，学生参与的广度和深度决定了他们在课堂上的收获程度。在课堂上设置一些教学活动，让学生深度参与其中，能够很好地改变学生的学习模式，培养学生的实践能力和创新精神。

◎ 专题七　有效评价促进学生发展的心理效应

教师不仅要教给学生知识，还要对学生进行评价。不同的评价会对学生造成不同的影响，如何正确地评价学生，已经成为一门艺术，教师要能学会适时、适当、适量地评价学生，在评价中为学生把关定向、释疑解难，引领学生走出迷茫，促进学生更好地发展。

专题一

心理效应与课堂教学效果

心理学，是一个颇具魅力的学科。随着生活的积淀，人们会发现，生活中有一些事情，背后都蕴含着心理学原理。当我们能够认识这些原理，并有效运用时，就能够更多地运用理性、实证的态度来对待问题，而不是冲动地运用感性和经验的态度，从而让我们成为更好的自己。之于教育，心理学的意义同样重要，无论是教师的成长、学生的发展，还是课堂教学活动、班级管理等，都离不开心理效应的影响。

主题 1　心理效应及其作用

心理学是什么？它研究什么？这个问题或许人人都能回答，但我们的回答，应该都不太完善，因为这门学科具有非常复杂的特点，它的研究对象——人的心理和行为，本身就是变化万千的，从而使得这门学科从某个角度看来比较多变，甚至是矛盾的，对于同一种现象，会有无数种结论以及对于这些结论的解释。只有深入了解，认真学习，多掌握一些常见的心理学知识，才能真正发挥其作用。

一、心理学是一门怎样的学科

心理学是一门既古老又年轻的学科。

古老，在于人类对自身心理现象的研究从公元前 4 世纪古希腊学者亚里士多德的《论灵魂》就开始了，至今已经有 2000 多年历史。

年轻，在于它从诞生之日起，就一直被囊括在哲学的范畴里，直到 19 世纪中后期才分离出来，成为一门独立的学科，至今只有 100 多年。

这 100 多年的历史，起源于 1879 年德国心理学家冯特在莱比锡大学创立的第一个心理实验室，从此拉开了现代心理学发展的篇章。

心理学是一门神秘而又包罗万象的学科，它以人的行为和心理活动规律，即人的心理现象为研究对象，可以说，我们自己和周围环境中的所有人都被包含在其中。

心理学是一门复杂的学科。心理学以人的心理现象为研究对象，但是人的心理现象是多种多样的，时刻在产生，也时刻在发生变化。人们在劳动、工作、学习的过程中都会产生心理现象，我们的感觉、知觉、记忆、思维等，都是心理现象。

心理学的系统研究，以两方面内容为重点。第一方面，是人的心理过程，包括感觉、知觉、记忆、思维、想象等认识过程，喜、怒、哀、乐等情感过程和目的的确定、困难的克服等意志过程。这些过程，是人的心理现象的共性。第二方面，是人的个性，包括动机、需要、信念、理想、世界观等个性倾向和能力、气质、性格等个性心理特征。这是个体所独有的，世界上没有两个个性完全一致的人。

二、学习心理学的意义

心理学是基于人类自身而进行的研究，这些研究，能让我们对自己有比较清晰的了解和认知，从而控制和调节自己的行为，同时搞好人际关系，对他人产生影响。

1.学习心理学能够让人们加深对自己和外部世界的理解

学习心理学，能够让我们知道自己某些行为的产生原因，这些行为会有什么影响，自己的个性、脾气的形成等，从而对自己有一个深刻的认知。当把学到的心理学知识运用到人际交往时，又可以通过别人的行为来推断他们内在的心理活动，从而对自己之外的世界有一个比较正确的认知。

2.学习心理学能够让人们调整和控制自己的行为

心理学还揭示了人类很多心理活动产生和发展变化的规律，这些社会中常见的心理现象和规律，称为心理效应。学习这些知识，我们就能够在一定范围内对自己和别人的行为进行一些预测和调整，可以尽量消除一些不利因素或者消极反应，实现对于行为的改造。

3.学习心理学可以直接运用在工作中

心理学本身就包含理论研究和应用研究两部分，理论的知识会以间接方式引导我们，而应用心理学则可以直接在工作中发挥作用。比如说，教师就可以直接运用教育心理学的规律来改进自己的教学实践。

主题 2 教师教育与心理效应

教师是学校教育的主体力量，教师自身的心理健康状况以及掌握的心理学知识直接影响着学生的心理和行为。当教师通过自己的教育工作，将人类社会积累的经验知识传授给学生时，都会加入自己的理解与认知，使得学生获得的知识、技能和能力、思维等方面，受到教师个性特征的影响。因而，教师学习相应的心理学知识，使自己的教学行为更符合心理学的要求，具有重要意义。

一、心理学帮助教师自身成长

教育改革的不断深入，就要求教师不断更新教育观念，提高自我教育的能力。教师不仅要教给学生知识，更要培养他们的道德品质，这就需要教师学习心理学知识，不断地观察和了解学生成长过程中的心理变化，从而更新教育观念，改变教学方法。

在学习心理学的过程中，教师首先会将心理学知识运用到自己身上，从而正确地评价自己，改善自己的行为，加强自我教育，促进自身能力的提升，提升自我修养。

二、心理学帮助教师提高工作效率

在教育的不同阶段，学生由于年龄的差距，心理成长的过程也在不断地发生变化。教师学习心理学，了解学生的心理成长过程，将极大地提高教学工作的质量和效率。

例如，我们可以根据感觉的基本规律和知觉活动的规律，来制订教学方法、布置教学环境。人的记忆过程是由识记、保持、再认或回忆三个相互联系的阶段构成的，如果教师在教学中了解记忆过程，就可以合理地安排教学计划，制订预习、复习的时间等教学方案，更好地帮助学生记忆和巩固知识点。

当教师认真了解每个学生的心理特征和气质特征后，就能够很好地促进因材施教的实施，使每个学生都能得到适合他们自己的教育，促进自身发展。

三、心理学帮助教师进行心理健康教育

学生的心理和行为，很多时候会迅速变化、复杂变化，而且这个年龄阶段的学生，正好处在认知和能否正确辨别事物对错的关键时期，需要教师和家长的正确引导。教师就不仅要针对发生的问题本身，而且要从学生心理成长的角度出发，逐渐引导学生思考问题、解决问题，帮助学生建立正确的世界观、价值观、人生观，培养学生的意志品质，从而奠定学生未来发展的基础。如果教师不懂得心理学，就很可能在教育过程中忽视学生的心理变化，使用不正确的教育方法，从而使学生的心理受伤。这种创伤是很难治愈的，会对学生一生的发展造成不良的影响。

主题 3　学生学习心理分析

在学习过程中，学生是学习的“主角”，教师的“教”只有通过学生的“学”才能发挥作用。学生必须靠自己主动地去学习。马克思说过：“在科学上没有平坦的大道，只有不畏劳苦沿着陡峭山路攀登的人，才有希望达到光辉的顶点。”在教学过程中，我们会发现，学生的学习心理是有规律可循的，

了解这些基本的学习心理情况，才能对症下药，有效地帮助学生、解决问题。

一、厌学

厌学是学生中常见的一种学习心理，它是学生对学习本身进行否定的一种内在反应倾向，主要表现为厌恶学习、学习效率下降，甚至一学习就感到痛苦，经常旷课、逃学。

有这种心理的学生，对于学习行为本身存在认知上的偏差，他们认为，学习成绩的好坏无关紧要，而且将自己视为学习上的失败者，自觉学习能力低，对学习缺乏信心和兴趣。

产生这一心理的原因是多方面的。

第一，有来自社会环境的影响。目前我国社会正处于大改革时期，各种思潮蜂拥而至，学生自身不太成熟，缺乏处世经验和辨别是非的能力，经常会受到各种负面影响，如读书无用论等。

第二，有来自家庭的影响。家庭的物质环境、精神氛围和家长的教育方式，都会有形或无形地对孩子造成影响，或正面的，或负面的。负面效应累积过多，必然对学生的学习心理产生影响。

第三，有教学的原因。目前我们的教学仍然未能摆脱升学的指挥棒，从而致使一些教师的教学完全是围绕升学而展开的，不注重生动活泼的教学过程，不注重学生兴趣的培养，不注重学生的个体差异，这会严重影响学生的求知欲和好奇心，加重学生的厌学情绪。

第四，有自身的原因。学生自身的意志力薄弱、学习目的不明确、缺乏内在的学习动力、学习方法不当等，都会导致他们产生厌学心理。

二、学习疲劳

学习疲劳，是指学生在长时间连续紧张的学习之后，身心过度疲劳，从而导致学习效率下降。这种疲劳是生理和心理两方面的。生理方面主要表现为神经系统的疲劳：大脑反应迟钝、头疼、脑袋麻木、思维迟缓等。心理方面主要表现为情绪烦躁、注意力分散、提不起兴趣等。

这种心理是怎么出现的呢？

一般来说，学习疲劳的成因有以下几种。

第一，学习负担过重。长期承担大量的学习任务，总会有感到疲劳的时候。

第二，学习习惯不良，学习方法死板。有些学生没有好的方法，看似一直在学，其实效率很低，每次都花很长的时间却只能做很少的事，时间过长就会超过脑力的限度。

第三，缺乏学习兴趣。听课不愿意听，作业不愿意做，但是又必须完成，所以硬着头皮去做，就会导致疲劳。

如果是暂时性的学习疲劳，可以通过休息来消除；但如果是缓慢的、长期的学习疲劳，就必须经过不断地调整才能有所缓解。

三、考试焦虑

考试焦虑是一种常见的心理性适应障碍，在应试情境下，个体认知评价能力、人格倾向等的制约，会造成不同程度的反应，如情绪激动、慌张、注意力不集中、记忆障碍、思维混乱等。这一焦虑现象的产生，有学生自身的个体因素，也有来自外部的影响。

1.遗传素质

现代遗传学和心理学的研究证明，受遗传因素的影响，每个人对刺激产生的紧张程度是有区别的，神经系统脆弱的人，面对刺激容易产生紧张反应；神经系统较强的人，不太容易产生紧张的反应。

2.个体认知评价能力

如果学生将考试认定为自己上升的唯一路径，过于高估考试的作用，而对自己的能力过于低估的话，考试焦虑水平必然就高；反之，考试焦虑水平就低。

3.知识储备情况

如果平时学习不够扎实，复习不全面，考前准备不充分，自然会在考场上情绪紧张，信心不足，焦虑加剧。

4.家庭、学校和社会的外部因素

来自这些外部的过高期望很容易使学生产生考试焦虑。

一位班主任教师说了他班上一位男生最近的表现，就是典型的考试焦虑。上初中（非重点中学）时，该生的学习成绩很好，又是一班之长，还在学校的各种竞赛中经常获奖。考入重点高中，他非常兴奋和高兴，并对自己充满了信心。他想通过自己的勤奋和努力，取得比初中时更优异的成绩。但刚入学的摸底考试，就让他大失所望。在极度的痛苦之后，他又振作起来，更加勤奋和刻苦，但期中考试的成绩仍不理想。于是他开始怀疑自己，考试期间常常认为别人比自己强得多。他怀疑自己并不像原来那样聪明。考试之前，他常常缺乏信心，精神紧张，并伴有呕吐、恶心、小便频繁、睡不好觉等症状。

此外，学生在学习中还会出现学习动机障碍、人际交往困难等多种问题。教师要能够充分认识到这些学习心理的危害性，并且在实际教学中采用卓有成效的方法，帮助学生克服这些问题。

主题 4　心理效应对课堂教学的影响

教育是一种社会性的综合活动。它分散在社会的各个方面，尤其是在学校内、课堂内。课堂教学活动的对象是千变万化的活人，是异常活跃的青少年学生，教育就是要将人类智慧的结晶传授给他们，这一过程中，教师必须研究学生的心理效应问题，掌握这些效应的具体表现，探索和利用最佳的效

应途径，从而达到良好的教育效果。

一、运用心理效应促进个体学习的进步

教师在课堂教学中，最主要的目的在于帮助学生学习知识，让他们获得进步。要做到这一点，教师要能对学生的既有能力进行正确的认知，设计灵活多变、目标明确的教学计划，提高学生的知识学习能力。在这一过程中，教师会运用到多种心理效应，传递有效的教育信息，让学生更好地学习。比如利用登门槛效应，对教学目标进行分层设计，让不同层次的学生都有可以达到的目标，进而愿意更主动地投入学习中去。又比如利用霍布森选择效应，将课堂的选择权给予学生，通过学生的深度参与和主动选择，提升教学效果。

著名人本主义教育家罗杰斯说："凡是教师能够讲述的，能够传授的知识，多半是死的、凝固的、无用的知识；只有学生自己发现、探究的知识，才是活的、有用的知识。"只有提高学生的主动参与性，才能真正创建高效课堂。

二、运用心理效应促进班级整体的提升

课堂是学生集体学习的场所，教师在课堂教学中，要关注学生个体的行为，更要关注整体的教学效果。有效运用一些心理效应，能够提升整体的教学效果和处在其中的学生的学习效率。

比如下面这个案例，教师就运用了从众效应，有效地遏制了学生的不良行为，使得班级整体和学生个人都得到了良好的反馈。

二年级下学期，我班转来一个新同学小磊，小磊在原来那个班成绩较差，同学们都不愿和他玩，他也就自暴自弃，养成了许多不良习惯，不写作业，不劳动，不参加集体活动等。但小磊有一个爱好，就是画画，而且画得相当好。我决定从他的优点着手，运用从众心理把他从歧途拉回来。我在班上利用早读时间，开了一个"小画展"，全部展出他的画，并称他为我们班的"小画家"。小磊从来没有受到这么隆重的礼遇，兴奋得满脸通红。一下子喜欢上新班级。同学们也喜欢他、欣赏他，大家都说要向他学习画画，小磊也很高兴地和大家一起画画、一起玩儿。很快，小磊就和新班级融为一体，产生了

难舍难分的感情。一段时间后，小磊原先的弱点暴露出来，拖欠作业，不爱劳动等。我班的学习风气很好，于是，我找了个时间召开全班大会，讨论小磊的情况应该怎么处理。会上同学们纷纷发言，一致认为不爱学习、不写作业的行为是不对的，应该马上改正。如果教育了不改正，大家也不再喜欢他，甚至不跟他学画画了。小磊听着、听着，含着眼泪表示，一定改正错误，好好学习，希望大家不要丢下他，他实在舍不得离开这个班级，舍不得这个班级表现出的友好气氛。自此，在新班级的影响下，小磊逐渐改正不良习惯，变得爱学习、爱劳动了，而同学们也更喜欢他了。①

三、运用心理效应调整课堂秩序

课堂教学是一个变化性的过程，经常会出现各种意外的事件。这些意外事件会干扰正常的教学秩序，如果处理不当，会给学生留下不良影响。这个过程中，就要求教师可以运用一些心理学效应，发挥教育智慧，转移学生的注意力，平息纠纷，恢复课堂秩序。

比如下面这个案例，就运用了罗森塔尔效应，通过虚拟事件转移了学生的注意力，从而平息了矛盾，恢复了课堂秩序。

一次，在上公开课的前几分钟，班上两个学生不知为何发生争执，其中一个哭了起来，全班学生的注意力都被分散了。如果处理不好这件事，势必影响下面的课堂教学，还会给听课的老师们留下不良印象。我灵机一动，微笑着对全班学生说："哎呀！老师的彩色粉笔忘了拿来，谁帮老师去拿？"顿时，班上小手如林，那两个学生也顾不得再争，举起手，我示意哭鼻子的学生去拿。他很快跑出教室，一会儿就拿来了彩色粉笔。我微笑着表示感谢，那个学生高高兴兴地回到座位开始上课。就此，我利用"忘了带彩色粉笔"这一虚拟的事件，成功地平息了学生纠纷，使课堂秩序进入正轨。②

① 案例来源：心理效应在教育教学中的应用.陈菲.一课研究

② 案例来源：心理效应在教育教学中的应用.陈菲.一课研究

专题二

激发学习热情的心理效应

孔子说："知之者不如好之者，好之者不如乐之者。"学生最好的学习动机，莫过于他对学科本身具有内在的兴趣。充分运用各种心理学效应，有利于增强学生的这种积极的情绪反应，引导学生激发学习热情。

主题 1　学生学习热情对课堂教学的影响

一艘扬起希望风帆的帆船，将带领人们驶向理想的港湾。同样的道理，一个充满智慧的教育者，也会引领他的学生登上成功的知识海岸。正所谓兴趣是最好的老师，聪明的教师总能发现影响学生课堂学习效果的因素，进而巧妙采取措施，激发学生的学习热情。

一、影响课堂教学效率的因素

课堂是学校教学的主阵地，教学的主要目标都必须在课堂中完成。课堂教学是以学生为主体，教师为主导的师生双向活动。课堂教学效率的高低也是由师生双方共同决定的。因此明确影响课堂效率的因素，对于提高学生的学习热情有着极其重要的作用。具体来说，影响课堂教学效率的因素包括以下几方面。

1.良好的师生关系

卢梭曾说："只有成为学生的知心朋友，才能做一名真正的教师。"无数实践证明，良好的师生关系影响着学生课堂学习热情，影响着课堂教学效率。这是因为良好的师生关系在整个教学过程中发挥着非常重要的作用，它能拉近教师和学生心灵间的距离。师生之间是一种亲密的朋友关系，才能使教师和学生心灵相通。当学生喜欢教师、信任教师，效仿教师的言行时，学生就会从"要我学习"到"我要学习"，逐渐变成把学习当成一种乐趣。学生的学习积极性提高了，教学效率当然很高。

2.教师的观念和角色

课堂教学活动的本质是学生的学而非教师的教，因此学生是整个课堂教学活动的主体，唯有师生共同参与的学习活动才谈得上教学。因此，当教师转变了教育观念，用心倾注自己的工作热情，感染学生，熏陶学生，引导学生，才能使学生积极、主动地参与到课堂教学的活动中来，进而积极地去学习、去发现、去探究。这就要求教师在教学中，要从单纯的学生学习活动的组织者转变为学生学习活动的参与者、共享者，以学生为主体，以学定教，引导学生用自己的心灵去领悟学习内容，用自己的观点去判断是非，用自己的语言去表达自己的感受。当课堂成为学生自由发展的平台，当学生真正变成课堂中的主人，课堂教学效率就会大大提高。

3.充分的课前准备

教学的过程是教师“用教科书”的过程，教师课前认真细致地钻研教材，精心地设计教学环节，制作符合学情的多媒体课件，进行充分的课前准备，才能把握好教学尺度，讲出新意，提高学生的学习积极性，否则学生就会学得索然无味。因此，教师课前的准备充分与否，决定着能否充分发挥教材的育人功能，能否充分发挥学生学习的积极性、主动性，能否挖掘出学生自主学习的潜能，也影响着课堂教学效率。

4.师生、生生的互动

在整个课堂教学过程中，作为学生学习的指导者与参与者，教师是否引导学生在与教师的互动中学习知识，是否以与学生平等的合作者的身份参与到学生的学习中，是否认真倾听学生的探讨，是否给学生提供必要的帮助，是否引导学生解决一些他们无法解决的难题，是否帮助学生进行有意义的学习以及学生之间是否进行了积极的探讨、交流，这些都影响着课堂教学效率。

当然了，除了以上因素，课后是否进行了反思，也影响着课堂教学效率。但我们可以清楚地看出，影响课堂教学效率的最主要的因素还在于学生的学习热情。无论采用怎样的教学方式和教学手段，无论进行怎样的教学准备，学生学习热情的激发是提高课堂教学效率的关键因素。

二、多种手段，激发学生的学习热情

热情是一种伟大的力量，拥有这种力量可以改变一个人的一切，乃至整个生命。学习热情也是如此。拥有学习热情，学生就会激发学习的内驱力，

就会自主学习，从而提升学习效率。对于课堂教学而言，学生的学习热情影响着课堂教学效率。那么，如何激发学生课堂学习的热情呢？

1.创设良好的师生关系，使学生愿学

试想一下，如果教师只是把学生当成不懂事的孩子，不愿意与学生交流，“有好心，没好脸”，有多少学生会愿意亲近这样的教师，或者接受这样的教师呢？连发自内心的上课意愿都没有，何谈提高学生的学习积极性呢？

教师如果能够真正喜欢和尊重自己的学生，将对学生的情感以平等友好的方式展现出来，学生也会尊敬教师，发自内心地喜爱教师，“亲其师，信其道”，进而喜爱上教师所教的学科。调动学生的学习积极性，首先要从改善师生关系做起，尊重学生，热爱学生，创建友好的交流氛围。

2.营造轻松愉悦的课堂气氛，使学生乐学

沉闷压抑的课堂，会让学生根本打不起精神学习，长期下去，还会压抑神经，影响学生智力水平的发挥。教师要能够精心准备好每堂课的教学方案，设计组织一些形式新颖的教学活动，让课堂生动活泼，构建平等和谐的课堂氛围，从而促进学生积极参与，乐于学习。

一位数学教师给我们讲了一个故事：

有次“五一”节放假回来上课时，我发现授课班的一些学生上课没有精神，有的趴在台上睡觉，有的眼神定在前方某处，想入非非，精神不能集中。可能由于学生在放假时玩得较晚，导致没有精神上课吧。一般地，我们的处理方法可能是点名批评一顿，或者干脆叫他们站起来听课。我个人就不太喜欢用这个方法。我觉得这样做比较容易刺伤学生的自尊心，容易令学生产生逆反心理，造成师生的对立。学生如果对一个教师产生对立情绪，那么这个教师的课讲得再好，他也不喜欢听了。我的方法是先叫同学把所有睡觉的学生都弄醒了，然后，我就说“对面的男孩、女孩看过来，不要开小差”，借用学生们喜欢听的一首流行曲的歌词，幽上一默。这时，所有学生都笑起来，之后，睡觉的学生都清醒了，上课走神的学生也意识到自己的问题而回过神来认真听课。平时上课，特别是职中班的学生，自控能力差，碰到许多类似的违纪现象，我都坚持用这种轻松、幽默的方式化解。我的这种方法是有理论依据的。从心理学的角度来说，人的神经如果受了刺激，就很难再有困意了。这样的刺激包括惊吓、兴奋、开心等。所以，我们适当地令学生开怀大笑，对消除学生的睡意是有很大帮助的。而且，这种方法又保存了学生的颜面，避免学生产生对立情绪，真是一举数得。慢慢地，学生就会对老师产生敬重心理，进而过渡到喜欢上你所授的课，这样，学生的学习兴趣就一步步地提高了。

3.运用灵活多变的教学方式，使学生主动学

一些教师在实际的教学过程中存在着教学方法单一，不能从学校实际情况、学科自身特点和学生年龄特征、能力差异等出发，安排有效的教学方法的问题。有些会盲目地照搬别人的经验，运用公式化的教学方法，千篇一律，很难引起学生学习的兴趣。

教师要能够关注这一方面，采用多样的教学方法。每节课方法各异，每个环节方法各异，取百家之长为我所用，交错、灵活使用。

一位语文教师在教《看云识天气》这篇课文时，就思考了这一问题：这是初中阶段的第一篇说明文，比较枯燥无味，如果用传统的方法来教学，必然是学生学得枯燥、教师教得乏味。怎么办呢？后来这位教师干脆让学生带着课本一起走出教室，让学生边看课文中的描述，边对照天上的云彩进行观察。一节课下来，教师没有讲太多，学生却学得热情高涨。

4.关爱全体学生，使学生有所学

每个学生个体都是不相同的，他们能力基础不同、学科爱好不同、性格特点不同，教师在课堂教学的过程中，要能够关注全体学生的学习体验，不是只盯着少数学习成绩好的学生，而是要能够充分关注中等生和后进生。一些学习成绩好的学生，课堂发言特别踊跃，和教师的交流也比较频繁；而学习成绩差的学生，则很多时候会避开教师的视线，回避教师的提问，即使他知道这个问题的答案，很多时候也不会出声回答。久而久之，这些学生就成为陪坐者，完全无法成为课堂学习的主人。教师要能够有效关注这些学生，增强他们的信心，发现他们偶尔闪现的智慧火花，鼓舞和鞭策他们积极投身课堂学习。

主题 2　激发学习热情的心理效应

学生的学习热情，能够激发学生形成和保持浓厚的学习兴趣，为既定的目标而努力拼搏。学习热情的形成，需要学生的自我主观努力，更需要教师的循循善诱、因势利导。叶圣陶先生说过："把教师的要求转变成学生的需要是改变教学的最高境界。"聪明的教师能善于引导，将学生原有的热情和兴趣转移到学习上。

一、杜利奥定理——永远保持热忱

杜利奥定理是由美国自然科学家、作家杜利奥提出的。他指出：没有什么比失去热忱更让人觉得垂垂老矣。如果精神状态不佳，那么其他一切也都会处于不佳状态。这一定理揭示了热情的重要作用。

【效应描述】

杜利奥在阐述这一定理时指出：人与人之间的差异其实很小，但是这种很小的差异，往往会导致最终生活状态的巨大差异。其中，很小的差异是指你是以积极的心态还是消极的心态来面对生活，最终的巨大差异是指成功和失败。成功者之所以成功，首要原因就在于他们有热情积极的心态；失败者之所以失败，首要原因也在于他们面对任何事情，都只会消极应对。一个人，如果拥有乐观积极的心态，认真面对挑战，那么，他的成功几乎是可以预见的。

这一定理运用到教育学上，就要求教师设法激发学生的学习热情，并帮助他们长久地保持这种热情。

【教学应用】

美国的一位物理教师在机械能守恒定律开讲之时，创造了一个惊心动魄的情境。他把一个大铁球悬挂在教室的天花板上，将它拉至偏离竖直位置，紧靠着自己的头，在学生目不斜视之时，他把球放开，球开始运动，下面的学生为他捏了一把汗，害怕教师无法避开这一“灾难”，可是他稳如泰山地站着一动不动，球摆回时并没有碰到他的头，这一场面吸引了学生，对这样的情境发生了浓厚的兴趣，情不自禁地去思考其中的奥妙，从而为讲授机械能守恒定律做了一个良好的开端。

【应用分析】

皮亚杰说：“一切有成效的工作都是以某种兴趣为先决条件的。”现代科学研究证明，人脑是一个耗散系统。如果一个人对学习有兴趣，就能够使人脑这个系统处于开放状态。学习兴趣越浓，所获取的信息在传输过程中受到的干扰就越小。获取的信息量越大，人脑的耗散就越少，智能水平就越高，这正是教育所期望达到的。

人们的注意力、观察力、思维力、记忆力、想象力，都与兴趣和热情有着紧密的关联。在兴趣和热情中学习，思维会最主动、最活跃，智力和能力都会得到充分的发展。

案例中的这位教师，为了让学生对即将进行的课堂内容有更大的热情和深入学习的兴趣，就采取了创造情境的方法。他为学生创设的情境，触及了学生的情绪领域，触及了学生的精神需要，从而能够发挥有效作用，一下子引发了学生的学习热情。

此外，教师要能够通过发掘学科本身的趣味性所在、与其他学科纵向联系、把握学生探求知识的好奇心理等方式方法激发学生的学习热情。

二、首因效应——调动学生的兴趣

首因效应，也叫作首次效应、优先效应或第一印象效应，是美国心理学家洛钦斯首先提出的。

【效应描述】

1957年，洛钦斯以四组大学生为被试，进行了一项实验。在实验中，他以不同的方式向四组大学生介绍同一个陌生人：在向第一组介绍时说这个人性格外向；在向第二组介绍时说这个人性格内向；在向第三组介绍时先说这个人性格外向，后又说这个人性格内向；在向第四组介绍时则先说这个人内向，后又说这个人外向。随后洛钦斯要求四个组用上面介绍的术语来描述这个陌生人。结果第一、第二组在描述时没有发生任何问题，但第三、第四组对陌生人的印象完全与提供信息的次序相对应——先提供的信息占优势。

这说明，人际交往中，交往双方形成的第一次印象对今后交往关系的影响相当大，这就是首因效应。是什么原因引发的这种现象呢？

实际上，首因效应本质上是一种优先效应。在人际交往中，面对结合在一起的不同的信息，人们总是倾向于重视前面的信息。就算是人们对后面的信息予以同等程度的重视，也会将其当作非本质的、偶然的因素。由于人们习惯于按照前面的信息解释后面的信息，即使后面的信息与前面的信息不一致，也会屈从于前面的信息，从而形成整体一致的印象。

这说明，个体在社会认知的过程中，通过"第一印象"最先输入的信息，会对主体今后的认知产生较大的影响。第一次的印象并非总是正确的，但因其最鲜明、最牢固、最难以改观，所以它往往决定了人们与认知对象之间交往的过程。倘若一个人给别人留下的第一印象很好，人们就愿意和他亲近，双方也能尽快地相互了解，并会对今后的一系列行为产生影响。相反，如果第一印象很差，即使之后不可避免地要有接触，人们也会比较冷淡，严重的还会出现对抗状态。

洛钦斯的实验表明，在首因效应下，情感因素的认知起着非常重要的作用。人们大多数时候，都会比较喜欢那些流露出友好、大方、随和情感的人。这一点在儿童身上表现得最明显。

【教学应用】

苏霍姆林斯基曾说："任何一个优秀教师，他必然是一个善于激起学生对自己课程的兴趣，确立课程吸引力的教师。"

如何让学生对历史课感兴趣，让历史课对学生有吸引力，导言课非常重要，它对整个课程的学习起着至关重要的作用。在上导言课时，我们不能死板地照本宣科，而是要运用多种手段刺激学生的视觉、听觉感观，使他们兴奋起来，激发他们对历史课的兴趣。我简单地说一下我是如何上导言课的。

在上课时，我特意穿了一件唐装。一上课，我就问学生："老师身上穿的是什么服装呢？为什么叫唐装呢？谁知道呢？”学生答后，教师接着说：“要想知道原因，我们就请教一位新朋友——历史，什么是历史呢？请同学们畅所欲言来说出你心目中的历史。”学生答后，教师小结出历史的定义。

我们为什么要学习历史呢？教师通过多媒体出示“名人谈史”，然后运用多媒体动画展现出中国历史的画卷，从北京人、秦始皇、四大发明到中国近代的落后以及中国现代的崛起。结合这些内容让学生来说学习历史的理由，在说的同时也使自身受到了教育。

历史是过去时，我们怎样来了解历史呢？同学们动脑筋来思考一下。

历史浩如烟海，我们如何学习历史呢？教师介绍学习历史的“六何”（“6W”）法，即何时（When）、何地（Where）、何人（Who）、何事（What）、何因（Why）、如何（How）。

这节导言课，不仅使学生掌握了学习历史的目的、内容、方法，还对学生进行了爱国主义教育，一举两得，何乐而不为。①

【应用分析】

著名心理学家艾宾浩斯指出：“知识的保持和复现，在很大程度上依赖于有关心理活动即第一次出现时‘注意’和‘兴趣’的强度。”

教师在教学过程中，要特别注意强化学生的“注意”和“兴趣”的强度，这是教师要面临的首要问题。案例中提到的历史教学，就更要重视这一问题。因为历史课是在学生初中阶段新开设的学科，又是一门讲述过去的知识，对于初中学生来说，这些历史都发生在遥远的年代，离他们太远，他们很难有明晰的认知，而几千年的历史又被压缩在薄薄的几本书里，高度凝练，言简意赅，因而，有很多学生不可避免地会对历史学习有畏难情绪。基于首因效应的影响，如果学生对历史课和历史任课教师的第一印象不好，就必然使学生学习历史的兴趣无法凝聚，从而影响到后续教学。

著名特级教师于漪说过：“课的第一锤要敲在学生的心灵上，激发他们思维的火花，或像磁石一样把学生牢牢地吸引住。”案例中，历史教师就充分利用首因效应，在学生第一次接触历史这门课时，利用导言的形式，让学生对历史学习有了初步的认知，激发他们学习历史的兴趣。这位历史教师对于首

① 案例来源：“强化首因效应，激发学生学习历史的兴趣”.优文网.

因效应的运用，还在于在以后的历史教学中，持续地精心设计每一节课的开场白、设计好第一次历史考试等众多的第一次。

三、罗森塔尔效应——激发学生的内驱力

罗森塔尔效应，也叫作皮格马利翁效应、人际期望效应，是指教师对学生寄予希望，进而会戏剧性地达成预期效果的现象。

【效应描述】

1968年，美国心理学家罗森塔尔和L.雅各布森率领工作人员来到一所小学，在1~6年级各选了3个班，对这18个班级里面的学生进行了“未来发展趋势测验”。测验完成后，罗森塔尔递交了一份“最具发展前途者”的名单给校长和教师，并叮嘱他们要对名单保密。事实上，名单上的学生都是随机挑选的，罗森塔尔只是用自己的权威身份“撒了一个谎言”。8个月后，罗森塔尔又来到了这所学校，进行了第二次测试，测试结果非常惊人：凡是位列名单上的学生，每个人的成绩都有了很大的进步，并且性格方面也出现了变化，都变得活泼开朗、自信心强、爱与别人打交道。

罗森塔尔认为，之所以会出现这一奇迹，是因为校长和教师收到暗示之后，会对名单上的学生抱有更大期望，并且有意无意之间会通过态度、表情等方式对这些学生进行提问、辅导、赞许等，将自己的期望传达给学生，学生接收后这些期望之后，会给老师以积极的反馈。这一反馈又会激发起教师更大的教育热情，给学生更多的关照。这样的良性循环，会逐渐使学生朝着教师期望的方向发展，使期望慢慢变成现实。

【教学应用】

前不久，我在七年级（4）班讲《春》这篇课文，在讲读到“春风图”的一段文字“‘吹面不寒杨柳风’，不错的，像母亲的手抚摸着你。风里带来些新翻的泥土的气息，混着青草味儿，还有各种花的香，都在微微润湿的空气里酝酿。鸟儿将巢安在繁花嫩叶当中，高兴起来了，呼朋引伴地卖弄清脆的喉咙，唱出婉转的曲子，跟轻风流水应和着。牛背上牧童的短笛，这时候也成天嘹亮地响着”时，我讲道：“作者之所以能把无形无味的春风写得有声有色，有形有味，在我们的面前展现了一幅充满诗情画意的‘春风图’，最关

键的是因为作者能进行细致的观察……"

"老师，我觉得您的说法不恰当。"平时反应比较快的杨则坤同学提出了自己不同的意见。

我一愣，这个意外可是我备课中没有想到的，面对学生因自己意见而欣喜的笑脸和期待答案的眼光，我心乱如麻。从内心讲，我希望按预定的环节进行教学，因为后面的一些环节才是这节课的精彩所在。但眼前的情景又使我捕捉到了新的教学信息。经过短暂的沉默后，我鼓励他说："你能具体说说吗？"

"因为泥土的气息、青草味儿，还有花香，是用鼻子闻到的，而不是用眼睛看到的。"

教室里顿时活跃起来，学生们都七嘴八舌地议论开了。

"是啊，鸟儿卖弄喉咙，唱出婉转的曲子，这是听到的，而不是观察到的。"

"还有短笛在嘹亮地响着……"

我心中暗喜：此时学生们的思维是活跃的、积极的，应好好地加以引导。于是故弄玄虚地问："哪位同学能告诉同学们，什么是'观察'呢？"

"观察，这还不简单，不就是'用眼睛看'吗？"平时上课极少发言的虞洲同学得意地说。

学生把"观察"片面地理解为"用眼睛看"。应如何引导学生准确地理解"观察"的含义呢？我又问："那走马观花是观察吗？"

"走马观花不能算是观察，因为它是无意识地看，而观察应该是有意识地、有目的地察看。"做事稳重的班长发言了。

"分析得非常好。我们不能把'观察'片面地理解为'用眼睛看'，它也不是'无意识地看'。那么，到底什么是'观察'呢？"我及时地给予肯定，并追问道。

"既然观察是有意识地、有目的地察看，那么我觉得：只要通过我们的感觉器官，耳朵、眼睛、鼻子、舌头，去听、去看、去闻、去尝，所得到的感受就是观察。"黎紫娟同学认真地说。

"还有手、脸也算感觉器官。"自然课代表补充道。

"同学们说得非常好。我们每个人都有耳、目、鼻、舌等感觉器官，任何东西都有声、形、色、味等表象，我们通过我们的耳朵听、眼睛看、鼻子闻、舌头尝、手指摸，就产生了听觉、视觉、嗅觉、味觉、触觉。有意识地启动我们的感觉器官，去了解和掌握事物的特征和最具表现力的表象，就是‘观察’。”我小结道。

“老师，我明白了。写‘春风’的这段文字从视觉的角度写到了鸟儿安巢、繁花嫩叶、牧童短笛，表现了景色的美丽；从嗅觉的角度写到了泥土的气息、青草味儿，还有花香。”

“像母亲的手抚摸着你、微微润湿的空气等，是从触觉的角度来写的，表现了春风的和煦、温柔。”

“呼朋引伴、卖弄喉咙、唱曲子、应和、嘹亮地响着是从听觉的角度写声音的。”

“也就是说，这段文字从视觉、听觉、嗅觉、触觉的角度把无形无味的春风写得有声有色，有形有味，把无生命的春风写活了。”语文科代表对大家的发言做了精彩的小结。

“对！正因为作者能够充分调动多种感官，从多角度去观察、感受春风，才能在我们的面前展现一幅充满诗情画意的‘春风图’。如果作者不是调动多种感官，从多角度去观察、去描写，就不容易把这抽象的‘春风’写得如此具体可感、形象生动。”我总结道，“只有学会调动耳、目、鼻、舌等多种感觉器官，去观察和感受人、事、物、景，才会更全面地了解和掌握人、事、物、景的表象特征和内在本质，才会把要表现的事物写得更全面、准确、生动和形象。这也要求我们要做生活的有心人，留心观察周围的人、事、物、景。”

【应用分析】

罗森塔尔效应揭示了一个道理：教师给学生以期望和自信，学生就会有高成就感。教师的肯定是一种巨大的激励力量。对于语言教学来说，是非常需要教师对学生进行广泛的引导和激励的。《语文课程标准》指出：“语文课程丰富的人文内涵对学生的精神领域的影响是深广的，学生对语文材料的反应又往往是多元的。每一个学生在具体的阅读中，有着各自的焦点，其理解与原有的知识水平、认识能力、生活经验和阅读习惯等有关。”

在课堂教学的环节中，既然学生基于自身的认知，师生互动的过程中有了不同的见解，教师毅然放弃了预定的教学环节，顺着学生的思维，让他们尽情发表自己的见解，由于得到了教师的宽容、支持和鼓励，学生们兴奋异常，思路开阔，针对课文发表自己的见解，讲出自己的真情实感。

正是由于教师对学生的质疑、胡思乱想和五花八门的答案等充分肯定，才使得学生的学习兴趣不断提升。我国著名教育家陶行知先生说："你的教鞭下有瓦特，你的冷眼里有牛顿，你的讥笑中有爱迪生。"作为教师，要相信：每个学生都有成功的希望，都具备成功的潜能，教师要能够充分唤醒学生的自信，给予学生更大的期待。

主题 3　树立榜样作用的心理效应

英国学者菲尔丁曾经说过："典范比教育更快，更能强烈地铭刻在人们心里。"典范，即榜样，是值得学习的人物或者事物。榜样对于人的思想、行为有非常重要的影响，一个好的榜样，能够产生积极正面的影响。榜样的力量是无穷的，也很容易产生良好的激励作用。因而教师要能够充分运用各种方式，以榜样的作用激发学生学习的动力。

一、榜样效应——注重引领的作用

榜样效应，是指榜样能够引导人们模仿。关于榜样的力量，人们早有认知，其中研究较多的是英国管理学家约翰·爱德欧和美国心理学家班杜拉。尤其是班杜拉的观察学习理论，更是论述了什么才是"有效的榜样"。

【效应描述】

班杜拉的研究中包含两个经典实验。

第一个是模仿学习的实验。

班杜拉随机选择了两组儿童来进行实验。在实验的第一阶段，让两组儿童分别观看录像片。

甲组儿童观看的录像片内容是：一个大一些的孩子在打玩具娃娃，一会儿后，一个成人走过来，给了这个大孩子一些糖果作为奖励。乙组儿童观看的录像片内容是：一个大一些的孩子在打玩具娃娃，一会儿后，一个成人走过来，打了这个大孩子一顿作为惩罚。

观看完录像片以后，班杜拉将所有儿童一个一个地送进放了一些玩具娃娃的屋子里，结果发现，此前在甲组的儿童都学着录像片中孩子的行为开始打玩具娃娃；而此前在乙组的儿童，却很少有人敢这样做。这表明：对榜样的奖励会促使儿童做出同样的行为，而对榜样的惩罚，则会促使儿童规避同样的行为。

那么，此前在乙组的儿童，也学会攻击行为了吗？为此，班杜拉开始第二阶段的实验。他鼓励所有儿童都像录像片里的孩子一样去打玩具娃娃，谁学得最像就给谁糖吃，结果所有的儿童都去使劲地打玩具娃娃。这表明：其实在第一阶段中，所有的儿童都学会了“榜样”的攻击行为，乙组儿童此前并没有人敢去打玩具娃娃，只是因为他们害怕像录像中的孩子一样受到惩罚。当确定惩罚不会出现，反而有奖励时，他们学习到的攻击行为也会展现出来。

而第二个实验，则更为明确地区分了不同行为方式榜样的不同作用。

班杜拉选择了小学三、四、五年级的一些儿童来做实验。他要求这些儿童来做一种滚木球游戏，并给出了一些现金兑换券作为奖励。紧接着，他将这些儿童分为四组，每一组都配备了一个助手装扮的“榜样”，和大家一起玩。第一组，是一个自私自利的榜样，他向大家宣传说，要把好的东西留给自己，不必分给他人，同时带头不把他得到的兑换券捐出来。第二组，是一个心肠很好的榜样，他告诉大家，得到好东西，不仅要想到自己，也要想到别人，同时带头把他得到的兑换券捐出来。第三组，是一个言行不一的榜样，他虽然口口声声地说，要为自己考虑，却把兑换券捐了出来。第四组的榜样，则是口口声声地说着要考虑到别人，却只说不做，不肯把他的兑换券捐出来。结果发现，第二组和第三组的儿童，捐出兑换券的人数要明显多于其他两组。这表明，劝说或言语示范的作用有限，而行为示范则对儿童有显著的影响。

【教学应用】

在讲《做一个负责任的公民》一框时，一位教师讲述了“一个人的升旗仪式”的故事。

升旗仪式就要举行了，班里的子龙同学站在升旗的操场外面不进去。我很生气，责问他。他解释说他是学校仪仗队的替补队员，他的任务就是站在这儿等。可是学校十几年也没有过什么“替补仪仗队员”呀？让他进去，他低头不说话。国歌响起时，子龙还站在原地。虽然他的身影有些矮小，但他很努力地挺立着。他的双眼看着冉冉升起的五星红旗，神情是那样的专注。篮球场上只有他一个人，显得那样的空旷。四周没有老师，没有同学，只有孤独地唱着国歌的他。

讲到这儿的时候，全班同学都很惊讶，因为子龙同学在班里的成绩始终处于末流，平时沉默寡言，甚至有些胆怯。可是没想到他竟然有这样令人惊讶的一面。全体同学自发地为子龙同学鼓掌，为他积极承担责任的精神鼓掌。①

【应用分析】

苏霍姆林斯基曾说：“世界是通过形象进入人的意识。儿童年龄越小，他们的生活经验越有限，那么生活中鲜明的形象对于他们思想的影响就越强烈。”为学生树立学习的榜样是一条行之有效的教育途径。

在实际的教育教学工作中，教师的言传身教是学生重要的榜样来源之一。“教师无小节，节节皆楷模”。学生会从教师的言行中汲取到有益于自身成长的营养。

此外，教师要应注重同龄人的示范作用，树立一些学生作为榜样。比如说，案例中提到的子龙同学，他积极承担责任的这一形象，必然通过教师讲述的案例而在学生心中留下深刻的印象，成为他们愿意学习的榜样。

教师还可以选择一些伟大人物的平凡小事或者平凡人物的闪光点来作为榜样教育的案例，从他们身上发现质朴、真实、可以激发人们奋发向上的精

---

① 张湖北.思品课教学中榜样案例的选择问题探索［J].教学与管理（中学版).2017（1）

神品质，引导学生从中找到生长点，激发学生内心深处的崇高情感，使学生更容易去接受和模仿。

“染于苍则苍，染于黄则黄”，如果每个学生都能以榜样为目标，不断地前进，那么教育就会更容易达成效果。

二、霍桑效应——提升关注的力量

霍桑效应，又叫霍索恩效应，它来源于美国哈佛大学教授乔治·埃尔顿·梅奥进行的一次失败的管理研究。

【效应描述】

1924 年 11 月，以梅奥为首的研究小组进驻美国西部电器公司坐落在芝加哥的霍桑工厂。他们最初的研究目的，是希望通过改善工作条件、环境等外在因素，寻找到提高劳动生产率的办法。

梅奥选择了继电器车间的 6 名女工作为观察对象，尝试着改变照明、工资、休息时间、午餐、环境等因素。但实验结果显示，无论外在的这些因素怎么改变，劳动生产率一直都未上升。

后来，工厂聘请了包括心理学家在内的各种专家，在大约两年的时间里，不断地找工人谈话两万多次，认真听取工人对工厂管理的各种意见，让他们尽情抱怨、尽情宣泄。此后，霍桑工厂的劳动生产效率得到了很大的提高。

同时，学者们发现，在实验过程中，被作为观察对象的 6 名女工，她们从一开始就意识到自己是特殊的群体，是一直被专家所关注的对象，这种受注意的感觉，促使她们加倍努力工作，希望证明自己是优秀的、是值得被关注的。

这就是霍桑效应，是指当人们在意识到自己正在被关注或者观察时，会刻意去改变一些行为、言语，会更加努力。

【教学应用】

杨静是我实习班级 1608 班的一个女生，刚到安宁二中实习的时候并没有见到她。记得我第一次去查宿舍，拿着班级花名册认人，念到杨静这个名字的时候，同宿舍的学生说她请病假了。据了解，杨静患有先天性小儿麻痹症，平时早操、课间操、体育课都不能参加，也许也是因为这些原因，杨静在班上的话很少，成绩又不出彩，朋友也不多，常常被老师同学忽略。

后来在一个星期之后的自习课上，我见到了这个内向害羞的小姑娘。我主动过去同她交流，关心她的身体状况，问她有没有好一些，并提出用以后几天的午休时间帮她把这星期缺的课补上，最后还说了注意照顾身体、早晚多穿衣服之类的话。看得出来她对我这个第一次见面新来的实习老师显得有些诧异，但也看得出来她很感动，说了好几次谢谢老师。

第二天中午，一吃完饭，杨静就来了，我教她第四单元的单词，学完给她布置了任务，要求她记住所有单词的发音，晚自习我要提问。因为看过班上第一次月考的成绩单，知道这个学生英语成绩很不好，还以为一天记住近30个单词是不可能完成的任务。结果还没有到晚自习，杨静就主动来找我读单词了，虽然单词发音不是很标准，但至少看得出来她是花了很多时间和精力，也让我知道这个学生其实是有潜力的，孺子可教。于是我说了很多鼓励她、赞扬她的话，并给她制订了英语每日学习计划。之后的每一天我都会记得检查她的每日任务的完成情况，每次完成了都会给一颗糖作为奖励，告诉她，她很优秀、很独特，并在学习生活上给她提出指导和建议。

慢慢地，我发现杨静发生了变化。据同学描述，她就是一个不爱说话、很少参加集体活动、成绩不好又自卑的女生，刚开始的时候我也看得出来她与一般同龄的孩子比要更安静一些，真是人如其名。走路总喜欢低着头，上课也从来不回答问题，甚至英语课上与同桌对话也从来不开口。但是经过了两个月的相处之后不一样了，至少在英语课上，她开始举手回答一些简单的问题，在得到几次表扬之后她就更积极了。她每节英语课都听得很认真，课间、课后还会很主动地来问我问题，会把我说的需要看的书都看一遍，然后很高兴地来告诉我，每次得到奖励都会很兴奋、很满足，即便每次奖品都只是一颗糖。慢慢地，她也会主动来找我交流，跟我分享她的生活，分享她的内心世界，性格也变得越来越开朗。她一点一滴的变化我都看在眼里，感到很欣慰，也为她高兴。

有一次她告诉我她喜欢画画，我说这是个很好的爱好，能不能给我看看你的画，开始她有些犹豫，让我也略显尴尬，但是快下课的时候她还是给我看了，我直夸她："画得好，有天赋！"她听完双眼都放光。后面我才从她同桌的口中得知，之前班上有同学看到杨静画的画，便喊来好多同学围观，大家都嘲笑她画得太丑，从那以后她都是躲着画，怕被人看见。我很庆幸自己看到那些画的时候毫不犹豫地说好看，不然会再次伤害一个孩子。

几天之后，我收到了实习以来的第一份学生送的礼物，是杨静送我的画。画的是一个古装美女，上面用彩笔涂满了各种颜色，还有很多修改过的痕迹，看得出来，她为了画这幅画花费了很多的精力和心血。这让我很感动。

我实习期间孩子们经历了两次月考、一次期中考，这三次规模比较大的考试杨静都有进步，尤其是最后一次考试的时候，她进步了将近 10 分，是进步最大的。看到分数的时候，我既惊讶又觉得是在意料之中，也感受到了莫大的成就感和幸福感。她的改变和进步是我这次实习经历中最震撼的事。

【应用分析】

案例中杨静同学的变化是显而易见的，由从前的自卑、内向、被人忽视，到后来的学习成绩提高、在班级里有了存在感、敢于表达自己，只是因为她得到了教师的额外关注和肯定。

其实，每个学生都是希望得到教师的关注和肯定的，想要教师多关注、了解他们，他们的内心深处在渴望改变，希望得到别人更多的关注。只是每个人的情况不同，得到的待遇也不同，从而有了个体之间的差异。来自他人的关注，让学生更能展现更好的自己。

近些年，电视上常有类似《变形记》这样的节目：节目中会选择一些教师和父母看来不大听话的城市孩子，再配对一些年龄差不多的农村孩子，然后交换抚养，摄像机一直跟随拍摄他们的生活、学习。大家会看到，一段时间之后，不听话的孩子会逐渐变得听话，对于父母也开始感恩，顺畅交流。有些人认为，这是因为生活环境的改变导致的，艰苦的环境能够锻炼孩子的意志和品格。事实上，在这中间，真正起作用的并不是环境，而是摄像机，这种受到众人关注的感觉，会让孩子们更有意地展现自己好的一面，从而证明自己是优秀的、是值得被关注的。

这就是霍桑效应的作用。其实，所有人在被关注、被监督下都会表现得更好一些。教师要能够善于利用“关注”的作用，激发孩子们内心中更好的一面。

三、对比效应——选择好比较对象

对比效应，也叫作感觉对比，开始时是一个管理学名词，是指在绩效评定的时候，他人的绩效影响了对某人的绩效评定。

【效应描述】

在管理学中，对比效应是绩效评定中很难消除的问题。举个例子，假如参与评定的人，先评定了一个绩效突出的员工，紧接着来评定一个绩效一般的员工，很可能这个“一般”“中等”的员工，就会被评定为“较差”；而如果在他前面被评定的是一个很差的员工，他的这个“一般”“中等”，就会被评定为“较好”。正因为对比对象的不同，才出现如此巨大的差异。

放在心理学上，对比效应就是指同一刺激因为背景不同会产生感觉差异。这种认知偏差要想解决，就要注意对比对象的选取。

【教学应用】

在教育教学的十几年中，我对学生的表扬非常吝啬，学生有了过错就大批特批，结果引起学生的逆反心理，尤其是高年级的学生，致使他们把教师的批评当成耳边风，教师的美好形象在学生心目中大打折扣。私底下学生们议论说：“孟老师外表挺温柔漂亮的，其实是一个凶神恶煞的魔鬼。”听到这些话我心里酸酸的，我觉得这十几年的教育工作是失败的。这个学期我调到了新学校——西罗园五小，在假期里我就想，一定要改变在学生心目中凶神恶煞的形象。一开学我被派到四三班当副班主任，私下里我了解到这个班是全校最难管理的一个班，孩子们软硬不吃，越批评越跟你对着干，听说还把原来的班主任气哭过，但这个班的学生有一个优点，他们思想很单纯。抓住这个契机，在教育教学中我巧用了对比效应，平时只要学生有好的表现，哪怕是一点点，也要趁机表扬一番；而在学生犯错误时，教师也无须大发雷霆，只要“点到为止”，就能获得批评的效果。比如早晨晨检我走进教室一看，班里乱糟糟的，有的说话，有的打闹，这时我没有一拍桌子一瞪眼叫学生们闭嘴，而是把手放在嘴上做了一个“嘘”的动作，学生们立刻心领神会地安静下来了。有一天上音乐课，我在教室门口笑着等候他们，没想到进了教室他们还在说，这时我收起笑容板起脸孔严肃地说：“如果你们再说话，我就不讲课了，谁说谁给大家讲课。”同学们立刻安静下来了。因为对学生来说，一位向来表扬他们的教师，居然出言批评，他们就会想：“情况一定相当严重，要不然，老师干吗发这么大的火气?”这样，我们不仅可以减少对学生的批评，而且能够强化学生的内心体验，提高批评效果。

上学期结束时，有一位性格比较内向的女同学神色黯然地告诉我，她将随父母迁到外地，下学期不来了。我没有什么理由挽留她，于是真诚地说：“你学习踏实，善良本分，团结同学，在老师和同学们心中，你有很多优点，我和同学们真舍不得你走……”

谁知，这学期开学，这位女孩子竟没有转走，当听说我要调到别的学校去时，她哭着给我打电话说：“孟老师，我以为我是个差生，没想到我在您心中有那么多优点。既然如此，我舍不得离开你们，爸爸妈妈去外地工作，我随爷爷奶奶留下了，没想到您竟要调走了，下学期我要到您的学校去上学。”如今，她变得活泼开朗了，勤奋好学，学习成绩不断进步。

没想到，我一句简单的鼓励，挽留并改变了一个学生。由此我觉得，作为教师，在对待渐渐长大的孩子时，如果关爱他，看中他的优点，他会认为自己是可爱的，他会感觉到自己是天地间的宝贝；但如果粗暴地打击他，奚落他那脆弱的小心灵，他就会像折翅的雏鹰，跌落尘埃，甚至从此一蹶不振。

【应用分析】

教师给学生塑造的榜样不仅可以是他人，也可以是学生自己，让他们自己成为自己的榜样，向着自己期望中的理想模样转变。

“有比较才有鉴别”，运用好对比效应，有利于更清楚、更深刻地触及事物的特征。在上述案例中，教师对于学生的教育态度就多次运用了对比效应。平时随和的教育教学中有偶尔一次的严肃批评，起到的作用会更大、更持久。

在帮助学生树立榜样方面，对比效应的作用非常明显。平时表现不好的学生，偶尔一次的良好表现，作为榜样被提出来，对于被表扬的学生与其他学生而言，就会有极大的激励作用。对于学生个体的评价，也要注意避免对比效应的负面影响。要树立学生学习的榜样，但不能时时、事事都将学生与树立的榜样进行对比，也不能将层次、水平不同的学生放在一条线上进行长期对比，要多进行学生个体的纵向比较，少进行一刀切的横向比较。

主题 4　激发成就动机的心理效应

成就动机，是一个人追求自认为重要的、有价值的工作，并获得成功的动机。具有这种动机的学生在投入学习时，就更能刻苦努力，战胜学习过程中出现的各种困难和障碍，从而取得良好的成绩。这是一种习得的社会动机，要能够通过各种有效手段，培养学生正确的成就动机。

一、南风效应——顺应内在需求

南风效应，也叫作“温暖效应”，源自法国作家拉封丹写过的一篇寓言故事。

【效应描述】

南风与北风都觉得自己比对方更有用、更厉害，它们谁也不服谁，于是打了一个赌，比赛看谁能够更快地脱去一位农夫的衣服。

北风先来。它自认为自己力气大，让别人脱衣服并不难。它使劲地向农夫吹着寒风，吹得农夫瑟瑟发抖，直打哆嗦。北风越吹越大，但农夫非但不脱衣服，还用劲往身上裹起衣服，躲到背风的地方去了。北风见自己的行动没有用，只好无功而返。

轮到南风上场了。他向农夫轻轻地吹，给农夫送去温暖的风。农夫本来就在田里耕作，身上出了一身热汗，南风这么一吹，他更觉得燥热难耐，于是放下手里的活，走到地头脱了衣服，才又继续去干活。南风获胜了。

南风和北风的态度和方法不同，最终的结果也大相径庭。

南风能最终达成目的，原因就在于它顺应了人的内在需求，让农夫脱掉衣服的行为变成自觉主动的行为，而不是外在的逼迫行为。

这一寓言所揭示的心理学效应就是南风效应：以启发自我反省、促使唤醒内心良知、满足自我需要而产生的心理效应。

【教学应用】

这一学期，我接手了一个新的班级，开学没多久，一个女生成功地引起我的注意。她叫孙静（化名），坐在正对讲台的第一排。因为她的位置比较便利，我会把批改好的作业放在她的桌上让她分发。可是每次当我把作业放在她的桌上时，她的脸上都会流露出畏难神色，始终没有触碰那叠作业。

九月的杭州，天气炎热。体育课结束后，学生顶着一张红通通的脸走进教室，风扇开到最大，还一个个叫苦连天。但孙静却还穿着秋装校服坐在那里。我不止一次地示意她，把外套脱了吧，别热坏了，但她涨红着脸摇摇头。她，真的不热吗？

上课时，有些问题需要小组讨论，其他同学热火朝天地讨论着，只有她一个人低着头，默默地坐着。我多次提醒她加入讨论，可她还是无动于衷。一旦提问到她，她就会不知所措，如同一只惊弓之鸟。她在课上没有一点儿声音，课下也没有，连去食堂美美地吃一顿的快乐也不曾拥有。每天，她总是默默地来去，不苟言笑，好似一个多余的人。没多久，未交作业记录本上开始出现她的名字，种种学习状态不佳的反馈也直指向她。我真想弄清楚，她到底怎么了？

一次偶然的机会，孙静的母亲代她向我请病假，我就询问了一下她的病情。这一问还真了不得，得知了一个重大信息：她是一个特异体质学生，有先天隐形脊柱骨裂，脊髓栓系。这导致她的后腰有块皮肤内陷，还有一撮浓密的毛发，严重的话还会引起大小便失禁。她的妈妈说这个病需要手术，但考虑孩子现在处于生长发育阶段，只能等到高一暑假去做。

原来是这样。回想几次的谈话的情景，我想应该吓到她了。从马斯洛的需求层次理论出发，我觉得需要满足她被尊重的需求、自我实现的需求，我决定采用“南风效应”，逐渐让她敞开心灵。

首先，用计接近她，用心了解她，寻找时机或制造机会接近她、了解她。她不敢到办公室来，那我就到教室、食堂、操场、寝室去，在较为放松的状态下跟她聊天，每天都有交流，让她慢慢降低戒备心和防范意识，有安全感，渐渐走进她的内心世界。知道她喜欢画画，我就引导她可以考瓶窑中学的美术特长班，并以此作为努力的目标。除了当面的交流，我还会利用作业本作为情感交流媒介，每天在她的作业本上画个笑脸，写几句鼓励的话，这也不失一种很好的选择。

其次，用情打动她，用爱温暖她。安排开朗活泼、愿意帮助她的同学，主动与她交流，陪伴、关心她，并在一些生活细节上关爱她。比如，在食堂就餐时，看她吃得比较单一，就半开玩笑地说这菜有营养，并帮她多打一勺。体育锻炼时，看她跑得吃力，掉队了，就伸手拉她一把，陪她一起跑，借用集体活动让她得到爱，有归属感。

最后，尊重她，赏识她。不在全班同学面前批评她，给她充分的信任和肯定，放大她的优点，多给肯定和鼓励，当众表扬她的进步。利用家校联合，多跟家长沟通和交流，时刻关注她的动态。

经过一个学期的努力，孙静发生了很大的变化。首先，她结交了三个好朋友。有了交流谈天的对象，课上不再沉默寡言，愿意举手回答问题，也会走到小组中发表自己的看法。其次，成绩进步了。她给自己制定了新的目标和计划。最后，她表情丰富了，笑容多了，走路抬头挺胸，有了自信。期末考试结束后，我和其他两位教师去她家家访，她笑盈盈地看着我们，忙着给我们斟茶倒水，与我们面对面交流。我心里想：她复活了，徐徐南风吹掉了她自我保护的“盔甲”，打破了她自我封闭的心理状态，心门已经打开。①

【应用分析】

案例中的这位教师遇到了一个比较特殊的教育对象——特异体质学生，他们比例不大，但是每一个学生的教育都比较困难。他们有的具有过敏体质，有的患有严重疾病，有的身体残疾。进入青春期之后，生理上的急剧变化，会对他们的心理发展造成很大的冲击，各种心理问题集中爆发，需要教师找到最适合的教育方法，帮助他们调整好心态，保证身心健康发展。

这位教师找到了最有效的方式，用爱来打开学生的心灵之窗，让学生从内心中感受到被尊重、被关爱，从而吹散内心的阴霾，愿意与同学交往，重

---

① 付晓慧.巧用“南风效应”，开启心灵之窗［J］.中国教师.（2017）（13）

拾自信，在关爱中健康成长，实现自我。

教师要善于有效地运用“南风效应”，就必须具备“南风”的素质和技巧，要真正了解学生内心的需求，对症下药，要有良好的亲和能力，要善于营造和谐融洽的气氛，要运用恰当的寓言表达自己的关爱，才能让学生逐渐做到“亲其师，信其道”。

教师吹的“南风”，绝不能是“滥风”，要处理好严格管理和关心爱护的关系，不能一味像北风一样简单粗暴，也不能温柔过度、毫无原则地爱，要严中有爱，爱而不溺。正如高尔基所说：“爱护孩子，那是母鸡也会做的事情；而思想政治工作者对受教育者的爱在于教育，这才是理智的爱。”

教师吹的“南风”，也绝不能是“偏风”，要认真公正地对待每一个学生，要一视同仁地对待他们，不戴有色眼镜看学生，要让南风吹到每个学生身上。

二、阿伦森效应——合理运用褒奖

阿伦森效应，又称为“增减效应”，是美国著名社会心理学家艾略特·阿伦森提出的。它指的是随着奖励减少而导致态度逐渐消极，随着奖励增加而引发态度逐渐积极的心理现象。

【效应描述】

阿伦森做了一项实验：他随机选择了一些人作为实验对象，并将这些人分成4组，让他们对某一个人做出不同的评价。

第一组对这个被评价的人始终是褒扬、肯定。

第二组对这个被评价的人始终是批评、否定。

第三组对这个被评价的人先是褒扬，后是批评。

第四组对这个被评价的人先是批评，后是褒扬。

实现重复进行了很多次，结果表明：大部分被评价的人都对第四组的人最有好感，而对第三组的人最为反感。

这种随着奖励减少而导致态度消极的心理现象，就是阿伦森效应。人们大多会喜欢那些对自己表示的赞赏不断增加的人，而反感那些对自己表示的赞赏不断减少的人。

为什么会出现这种现象呢？阿伦森认为，人们需要维持一定程度的积极性，就会希望奖励能逐渐增加，如果奖励是逐渐减少的，那么，对应地，人的积极性也会逐渐降低。原因主要在于挫折感的递增和累积。奖励的递减会导致人们出现挫折心理，如果挫折较小，大家还能比较平静地接受，如果从不断被褒奖，变成褒奖减少、不再被褒奖，甚至被贬低，这个过程中，人的挫折感会陡然增加，人们会从内疚不安到不耐烦，最终产生反感和对抗情绪，引发敌对行为。

【教学应用】

苗苗是个学习认真的女孩。她在小学一年级时，每次考试都是双百，老师和家长都很喜欢她。妈妈尤其为女儿感到骄傲，不但经常表扬她，还给她买了许许多多的奖品，有她喜欢吃的零食，也有她喜欢穿的衣服等。上了二年级，她的“双百”打了折扣，有时考了 98 分、99 分，妈妈就不高兴，给苗苗的奖励就越来越少，但苗苗还是很努力地学习。

从三年级开始，苗苗的成绩每况愈下，从来没有考过“双百”，有时竟然考到 85 分、86 分。妈妈开始抱怨，有时很不客气地批评她，完全取消了对苗苗的奖励。苗苗觉得很委屈，但还是没有放松学习。

上了五年级，苗苗的成绩几乎连 90 分也很难超过。每次考试完，妈妈就怒气冲冲地指责她，苗苗想辩解，可是看到妈妈愤怒的表情，只好作罢。有一次，苗苗的数学考了 80 分，妈妈甚至气愤地打了她一个耳光。苗苗沮丧极了，她再也不想学习了，她感到无论怎样努力，学习成绩都不会再进步，离妈妈的要求越来越远。

自从上了初中，妈妈的态度一落千丈，苗苗对学习彻底丧失了兴趣，一拿起书本就开始头疼。

从苗苗的这个故事中，我们能看到两点：第一，苗苗的分数在持续下降，虽然这种下降并不意味着实际的学习成绩也在降低，但至少在她妈妈看来，她的成绩越来越差，分数的降低导致妈妈对苗苗喜欢的程度也在递减，她给予苗苗的奖励也在递减，这让苗苗感到很失落。第二，随着年级的升高，考试分数逐渐下降，苗苗的挫折感递增，她不断遭到妈妈的斥责，并且逐步地对自己丧失自信，最终导致厌学。[①]

【应用分析】

在教学中，也有一些教师无意中就用了和案例中这位妈妈一样的方法，一味地批评学生，或先表扬后批评，这都容易导致学生的挫折感增加。

教师在课堂教学中，不仅要注意表扬和批评的“度”，还要注意它们的顺序。比较科学合理的做法是，在批评学生的时候，应该是指出其缺点之后，再表扬其优点，指出今后努力的方向，这样就不容易挫伤他们学习的积极性。教师要尽量避免在一番表扬之后，再去过多地批评学生，这样会使得表扬失去作用，还会使学生更多地注意集中在批评上，只看到短处，没看到长处，长此以往，将丧失自信。教师的表扬和批评应该紧紧跟在学生的行为后面，不要留有较长的时间间隔，要配合使用批评和表扬，在改变学生的坏习惯的同时，培养其好习惯的形成。

三、德西效应——避免过度奖励

德西效应是著名心理学家爱德华·德西提出的，这一效应认为，适度奖励有利于巩固个体的内在动机，但奖励过多有可能降低兴趣，降低其内在动机。

【效应描述】

1971 年，德西做了一个专门的实验。他随机挑选了一些大学生作为被试者，让他们在实验室里解答有趣的智力难题。

实验分为三个阶段。第一阶段，所有参与的大学生都没有任何奖励。第二阶段，将参与的大学生分成两组，第一组的大学生完成一个难题可以奖励 1 美元，第二组的大学生则没有奖励。第三阶段，让大家自主学习，参与的学生们，可以休息，也可以继续解题。

实验结果显示：第二阶段，有奖励组的学生确实十分努力，但这些学生到了第三阶段，愿意继续去解题的变得很少，兴趣与努力的程度在减弱。而在第二阶段并没有得到奖励的学生，在第三阶段却有更多人愿意花时间解题，兴趣与努力的程度在增强。

德西通过这一实验发现：在某些情况下，人们兼得内在报酬和外在报酬

① 毕彩忠.阿伦森效应对课堂教学的启示［J］.新校园（阅读）.2015（2）

时，工作动机不仅不会加强，反而会减弱。当人们进行一项愉快的活动时，获得了内在报酬，如果额外再提供物质奖励这种外在报酬，反而会减弱活动的吸引力。

将德西效应运用到教育中，就给予了教师以下启发：当学生还没有形成自发内在的学习动机时，教师从外部给予激励刺激，能够推动学生发展，这种奖励就是必要和有效的；但是如果学生本身已经对学习活动感兴趣时，再从外部给予学生奖励就会适得其反，会使得学生把奖励当作学习的目标，从而只专注于奖励，导致学习目标发生转移。有“奖”能使学生进步，但“奖”不是万能的。教师要能够正确地进行奖励。

【教学应用】

Y 老师刚接班，走进教室，乱哄哄，简直是“鸭吵堂”。

Y 老师没有急着上课，也没有“镇压”学生。过了大约两分钟，学生发现老师了，吵闹声逐渐平息。她说：“今天，我们不上数学课，去操场玩。”到了操场，她宣布：“今天起，组织大家玩，比赛‘吵闹’，谁闹得最凶谁得奖，奖品是电子表。”Y 老师掏出包里的电子表高高举起，学生们欢呼雀跃，自由玩耍，最后一致推荐班里的 Z 同学获奖。

第二天，Y 老师依然组织学生到操场玩，宣布：“今天的奖品是两块巧克力！”学生们看到奖品档次降低了，兴趣锐减，牢骚也有了，但他们还是继续玩耍。

第三天，Y 老师在教室说：“今天的奖品是一支铅笔！”学生们一听，牢骚大发，纷纷抱怨：“不玩了！不玩了！累得要死，就一个人获奖，奖品还越来越差，真没劲！不如在教室上课！”

教室又恢复了安静。①

【应用分析】

案例中 Y 老师的做法是一种另类的奖励，他将奖励与某些事情联系在一起，让学生的兴趣在一定程度上转移到对奖励的关注上来，通过调控奖励，进而控制学生的某些不良行为。效果是显而易见的。

事实上，家长和教师们经常会在生活中用到德西效应。“如果你期中考试

---

① 案例来源：小学数学教学中的“德西效应”.卞恩鸿.江苏省盐城市新洋实验学校

数学考100分，就奖励你100元。”“如果你能考进班里前10名，就奖励你一个玩具。”“作业里满5个优就奖励一颗星”……正是这种不当的奖励方法，逐渐地浇灭了学生的学习兴趣。

那么，正确的奖励应该是怎样的？

（1）更多关注学习过程本身。要正确使用外部奖励，首要任务就是关注学生的学习本身，回到对学习活动本身进步的承认和赞同上来，而不是一刀切地对成绩和排名等进行奖励。要让学生通过奖品直观地感觉到教师对于自己努力的认可，感受到自己的成长和进步，从而逐步获得来自自身内部的、稳定持久的学习动力。

（2）要慎用实质奖励。我们所说的外部奖励，一般分为口头奖励和实质奖励两种，教师要能多用口头奖励，而慎用实质奖励。口头奖励更多的是对学生行为的积极反馈，对学生的突出能力和表现进行的赞许，很多时候能增强学生个体的胜任感。而实质奖励则不是，它更多地被认为是一种引诱，引诱人参与某件事，如果这些奖励消失，很可能个体就不会再做这件事，会导致内在动机的削弱。正如苏霍姆林斯基所说：“如果你只指望靠表面看得见的刺激来激发学生的兴趣，就永远培养不出学生对脑力劳动的真正热爱。”

（3）尽量采用不确定性奖励。有一些教师会在正式实施奖励之前向学生介绍奖励方案，这样的奖励就变成了预期奖励，很多时候会使学生感觉自己努力学习是为了获得奖励，从而引发内在动机的下降。

对于学生而言，教师积极的反馈评价，尤其是意外的、非预期的奖励，会让他们对自己的学习表现更加满意，更容易获得成就感，从而激发学习动机。

专题三

提升教学效果的心理效应

德国教育家第斯多惠曾说：『教学的艺术不在于传授本领，而在善于激励唤醒和鼓舞。』教师的课堂教学，只有真正唤醒和鼓舞学生积极、主动参与，确实在课堂上发挥主体精神，才能更好地推进和延续，取得良好的教学效果。教师如能通过一些心理学效应，有针对性地对学生进行鼓励，将促使教学效果得到更明显的提升。

主题1 教师教学行为对课堂教学效果的影响

教师的教学和学生的学习，构成了课堂教学的两大要素。在目前的教学实践中，课堂讲授、教学仍然是教师传授知识的最主要手段。教师要能够采取多种手段，有效地提升自己的教学质量，提高课堂教学的效率。

一、影响教师教学效果的因素

很多教师在课堂教学的过程中会发现，自己的讲课并没有达成预期的效果，整体教学活动完成得很不理想，甚至有些教师会产生挫败感。了解哪些因素会影响课堂教学的质量，有利于我们针对性地解决问题。具体来说，影响教师的教学效果的因素包含以下几方面。

1.课堂计划

教师是否在课前进行了周密的计划和安排，是课堂教学活动高效完成的前提。虽然一份周密的计划并不意味着最终一定能达成良好的教学效果，但是不提前计划的课堂教学是肯定不会成功的。有些教师常会不做任何准备就走进课堂，这会导致他对课堂的控制力减弱，有时候还会出现内容的疏漏。

2.教师的行为

教师的行为主要包含声音的运用和一些非语言性的信号。

有的教师讲课时吐字不清，甚至带有口音，含含糊糊，或者声音低、语调平，都会让学生听着比较费劲，容易走神，时间一长，学生对教师的讲课就不再感兴趣了。

非语言性的符号，则包含教师的形象、手势动作等。假如一个教师给人的印象是和蔼可亲，又富于幽默感的，那么，他的课堂一定会更吸引学生参与。

3.学生的注意力

在一节45分钟的课堂上，学生并不能全程都保持高度注意。教师如果不能抓住学生的有意注意时间，而是将重要的教学活动安排在了不恰当的时间，就很难取得成效。

4.课堂纪律

教师在讲课的时候，要求有良好的课堂纪律，但并不意味着要让学生鸦雀无声，这种课堂反而无法达成满意的教学效果。要让学生主动参与到课堂中来，该静的时候静，该动的时候动。

二、多种方法，提升课堂教学效果

“教无定法，贵在得法”。教师要能够充分运用多种方法，从自身的专业素养、教学策略、因材施教、多种辅助教学方法等多方面进行研究，根据学生的实际情况，进行教学，才能真正提高课堂教学效果。

1.分解教学目标，让每个学生都有所得

教师要能够对课堂教学目标进行分层与细化，给出明确的教学目标，能够用这些目标去观察和检验学生的状态，满足不同发展水平学生的发展需要。要立足于学生的个性品质方面的差异，在学生的学习需要和学习主题包含的教育需要之间求取平衡，合理对教学目标进行分层。

2.掌握多种教学方法，丰富课堂活动

教师在课堂教学的过程中，经常会用到一种或几种教学方法，对于常用的讲授法、谈话法、讨论法、读书指导法、演示法、练习法、探索法等教学方法，教师要能够充分了解、掌握，并结合课堂教学的实际内容，有效运用。

3.合理安排时间，布局教学任务

教师要能够合理安排预习、讲授、讨论、作业等课堂教学环节的时间，合理分配，将学生的有意注意时间高效利用起来，尽量避免连续长时间的学习。在教学活动的过程中，真正注重起对学生学习知识、形成能力和提高认识起作用的时间。

主题 2　分解教学目标的心理效应

当一个目标过于大过于遥远时，我们会发现，人们往往不容易坚持下去，而当这一大目标被分解成一个一个的小目标时，人们就会充满希望与自信地努力奋斗，有毅力去完成这一个个小目标，并逐步达成大目标。这种对目标的分解，能够让人们不断地把自己的行动和目标进行对照，从而清楚地知道自己的进度与目标之间的距离，更有动力去加强行动，并继续努力以达成目标。

一、登门槛效应——循序渐进地学习

登门槛效应，也叫作得寸进尺效应，是指一个人一旦在开始时接受了他人的一个小要求，为了给人留下前后一致的印象，就非常可能接受更大的要求。这种现象，就好像在登门槛时，要一个台阶一个台阶地登，才能更顺利地登上高处。

【效应描述】

1966 年，美国心理学家弗里德曼和弗雷瑟进行了如下一项实验。他们的实验是围绕在两个社区分别去劝说居民们树立“小心驾驶”的大标语牌展开的。

在第一个社区，他们随机向居民们提出这一要求，直接询问，是否可以把那个大招牌放在庭院中，结果只有 17%的人同意。

在第二个社区，他们同样是随机选择一些居民，请求将一个小招牌挂在他们家里的窗户上，几乎所有的居民都同意了他们的这一小要求。又过了一段时间，他们又回访这些居民，再次请求这些居民将那个大的、影响美观的大标语牌放在庭院中，结果居然有超过半数的居民同意了。

从这个实验的两个不同结果中，心理学家们得出了一个结论：一般情况下，人们不愿意直接接受难度较高、费时又费力的要求，而往往愿意接受难度较低、不太费时费力的要求，在接受了这个较低的要求后，也就会比较愿意接受难度较高的要求。

这就是登门槛效应。这一效应说明了，相对于有难度的事情，人们更愿意去做容易一些的事情。所以，如果我们想做的一件事情比较困难，那么，就可以从比较容易的部分来切入。

在学习上，这一效应的优势更为明显。当学生在学习一个较难的知识时，如果能够从最基础、最简单的点切入，逐渐地增加难度，最终会更容易学会较难的知识。

【教学应用】

在教学《牛郎织女》这篇课文时，我的四个教学目标是循序渐进的：

（1）把握《牛郎织女》这个民间故事的结构特点。

（2）利用民间故事结构特点读懂其他民间故事。

（3）利用民间故事结构特点创编故事。

（4）比较中外民间故事不同的结构特点，完成读书笔记。

课堂上我首先让学生学习课文，理解课文，读懂这篇民间爱情故事的结构特点：男主角牛郎地位低下，十分不幸，但心地善良；女主角美丽善良；男主角得到帮助，和女主角结为夫妻，生活幸福；但不久阻挠人王母娘娘出现，两人经历磨难，隔河相望；结局是一年相会一次。我们列出了故事结构的关键词语：男主角、女主角、帮助人、阻挠人、磨难和结局。

然后让学生小组合作，阅读其他三大民间爱情故事：《孟姜女》《梁祝》《白蛇传》。

通过阅读填表，发现四大民间爱情故事都有这样的结构特点。最后让学生根据结构特点创编民间故事，学生有了前面的“门槛”，不觉困难，一个个跃跃欲试，兴趣盎然，编出了内容具体、情节曲折的故事。当然有了课堂上的学习，课后作业“比较中外民间爱情故事结构特点”也不是难事了。[①]

---

① 案例来源：“利用心理效应，打造高效课堂”.百度文库

【应用分析】

“不积跬步，无以至千里；不积小流，无以成江海。”当感到目标非常遥远时，要能够利用登门槛效应，润物无声。

案例中这位教师的教学目标的设计和实现，就有效地运用了这一效应。从简单处入手，从课内入手，引导学生一步一步地最终完成作业，而在学生看来，有了前面铺垫的“门槛”，最终目标也就不再困难了。

如果要想更好地发挥登门槛效应的作用，教师在分解目标时，要能够注意两点。

首先，确保目标的合理性。教师为学生制订的教学目标，必须要考虑学生的实际发展水平和心理承受能力。这些子目标要和学生的发展处在同一层次上，让他们跳一跳，就能摘到桃子。

其次，分解出的目标要有层次性。每个学生的已有知识水平和能力水平是存在差异的，教师分解教育目标时，要能够根据不同层次学生的发展水平，根据优、中、差生的基础，制订不同层次的、具体的目标，让每个学生在学习中都能获得目标达成的喜悦感。

二、连锁塑造效应——小步子大目标

连锁塑造效应，是指通过小步骤反馈来达成最终目标。把目标分解成一个一个的小目标，每当完成一个小目标以后，就要及时进行反馈或强化，才能最终达成大目标。

【效应描述】

连锁塑造效应有一个非常著名的故事。

一对夫妻，开始的时候丈夫从来不做家务，都是等着妻子下班回来做饭。妻子下班后已经非常疲惫了，还要做很多家务，她非常苦恼，后来，她终于想出了一个办法。

有一天，她在上班之前就把米洗好，放进了电饭锅里。等到下班之后，她打电话给丈夫：“我今天单位有点事，要晚回家一会儿，你只需要动一下手，把电饭锅的电源插上，我们就能及时地吃上晚饭了。”丈夫一听，觉得太简单了，就非常痛快地答应了，去把电饭锅的电源插上了。妻子回家后非常热情地拥抱了丈夫，表扬他说："亲爱的，你真是太好了，我们能及时吃上晚饭，全都是因为你插上了电源这个伟大的举动。"

一段时间之后，妻子安排的任务又升级了。她上班前把米洗好，但是没有放进电饭锅里，晚上打电话的时候，就要求丈夫先把米放进电饭锅里然后再插上电源。丈夫觉得多这一步，也并不麻烦，就非常痛快地答应，好好地把饭煮上了。

慢慢地，妻子要求丈夫做的事情越来越多，而且每次都会夸奖一番丈夫的小进步。丈夫就在不知不觉中改变了自己的行为，养成了每天回家做饭的习惯，也改变了对待家务的态度。

这就是连锁塑造效应。运用到教育上，可以主要用于帮助学生提升成绩、改善行为。要能先定下一个小目标引导学生，目标完成后进行奖励，然后再制定下一个更大一些的目标，最终形成良性循环。

【教学应用】

小涛是小学五年级的学生，每到自习课，他总爱离开座位在教室里走来走去。老师发现小涛在离开座位之前，一般能在座位上待 5 分钟。老师和小涛谈了一次，告诉他，如果他能连续 5 分钟都待在座位上就可以得到一个小奖品，而且时间要从上课开始，每隔 5 分钟他都有机会获得奖励。一周以后，老师告诉小涛他做得很好，现在要求小涛必须连续坐在座位上 10 分钟才能得到奖励，但是，这次的奖励要比以前更多。又过了一周后，老师告诉小涛连续坐在座位上 15 分钟才能得到奖励，而且他会更喜欢这次的奖励。在这个阶段中，小涛表现得很好，在自习的 30 分钟内，小涛没有擅自离开座位一次。

【应用分析】

案例中的教师就将连锁塑造效应运用到了矫正学生的不良行为上。教师给学生设定了进阶式的改正目标，并且在每一阶段的目标后，对学生进行了奖励。学生在不知不觉中，就将不良行为纠正过来了。

此外，连锁塑造效应还能运用到新知识的学习和新行为习惯的培养上。设定"高目标，小步子"的策略。在每一个阶段，给学生设定一个可以接受的、具体的、有一定困难的目标，然后帮助学生制定详细的计划，逐步实现目标，学生就能在大目标和小目标的共同导向中不断前进。如果只有大目标，没有小目标，会让人觉得高不可攀，挫折感过强而容易放弃。如果只有小目标，而没有最终的大目标，会让人只看到眼前的利益，缺乏长期奋斗的信心和方向。只有二者结合，才能不断进取。

三、最近发展区理论——促进学生认知发展

最近发展区理论，是苏联著名心理学家维果斯基提出的，它是对学生发展水平的一项重要认知。

【效应描述】

维果斯基通过一系列实验，提出了最近发展区理论。他指出，学生的发展过程中有两种水平：第一种是学生现有的、独立活动的时候所表现出来的解决问题的水平；第二种是学生可能的，通过教学、通过模仿和努力所能获得的潜力水平。这两种水平的差异，就是学生的最近发展区。

最近发展区理论，要求教学要能针对学生的最近发展区，给学生提供带有一定难度的教学内容，调动学生参与的积极性，发挥学生的潜能，使其各有所得，超越最近发展区而达到下一发展阶段的水平，然后在此基础上进行下一个发展区的发展。

在这一理论看来，最近发展区是教学发展的最佳期限，如果只根据学生智力发展的现有水平来确定教学目标和教学内容，就是针对学生发展的昨天，面向的是学生已经完成的发展进程。这样的教学对于学生的发展，从长期来说是消极的，它不利于学生的持续、进阶成长。教学要能注重学生尚未达成的水平，引起现有水平和潜在发展水平之间的矛盾，从而推动学生的成长。

【教学应用】

我听了两位数学教师分别执教的下面两节课。

一节是某小学二年级的数学课，教学内容是《时、分、秒》。按教材要求，本课就是让学生认识钟表上的“时、分、秒”。教师通过提问、讨论、检测、讲解等多种方法，运用了多媒体等多种教学手段及其他教具。从当堂提问和检查结果看，几乎所有同学都能正确回答问题和做题，达到了教材规定的要求。

下课后我询问了十几位学生，在上本节课之前，你认不认识钟表？什么

时候学会的？学生都说认识，很多学生都说在幼儿园时就学会了，有的学生说是爸爸、妈妈教的。再看孩子们，不少学生戴着表，文具盒上还有表。我陷入了沉思：这节课教师教完了教材规定的内容，但学生究竟学了什么，提高了多少？

另一节课的教学内容是小学数学第二册（四）《元、角、分》。本课内容是让学生认识人民币的“元、角、分”。这位教师首先了解学生对人民币知识的掌握情况，当他发现大多数同学已经认识了人民币，并且发现教材上的“元、角、分”和当前流通的人民币有很大变化时，就没有按教材的要求上课。而是先让学生观察他们自己收集的人民币，然后让学生围绕人民币提出许多疑问和问题，接着教师让他们分组讨论他们提出的问题。

问题是多种多样的，讨论是热烈的：“人民币为什么有纸币又有硬币？”“为什么同样的面值图案不一样？”“硬币为什么有金黄的还有银白的？”“为什么五角的硬币比一角的还小？”“人民币的图案代表什么？”……面对这些问题，教师通过让学生讨论，解决了一些与教材内容有直接关联的问题。有些问题教师说他也不知道，要求学生把这些问题带回去，可以查阅资料找答案，也可以问爸爸、妈妈或银行工作人员，也可以自己去猜测，看谁解答的问题多。教师特别表扬提问题多的同学，说他们肯动脑筋爱思考，提的问题连老师都答不上来。这节课就这样结束了，教师改变了教材规定的内容，并且给同学留下许多疑问和问题。

【应用分析】

毫无疑问地，《元、角、分》这节数学课的教学要明显优于《时、分、秒》。

在《时、分、秒》这节课的教学中，虽然教师紧扣教学内容进行讲授，最终达成了教材规定的要求，但是教师忽视了学生已有的认知水平和认知经验，他没有意识到，或者说并没有重视“学生早已经在课前认识钟表了”这一现状，只是死板地按照教材内容进行教学。因而，在这节课的教学过程中，教师并没有能够将教学设计落在学生的最近发展区，学生们只是在现有水平上原地踏步，并没有获得真正的认知发展。

而在《元、角、分》这节课的教学中，教师对于学生已有的经验基础非常重视，在课前就通过调查，发现了学生已经掌握教材相关内容的事实，从而做出改变，跳出教材的框子，对教学目标和内容都进行了调整，通过观察和设疑，引导学生找出了他们想要了解但又不会的知识点作为学习目标，这一新的学习目标正是学生的潜在发展水平。教师又通过多种教学方法的结合，引导学生解决了一部分问题，将部分的潜在发展水平变成了现实水平，而剩下那些没有解决的问题，则作为新的最近发展区，以期在以后的教学中进一步探索，这就大大地扩展了课堂的外延，促进了学生的提高发展。

正如刘默耕先生提出的“过河”理论，他说：“前面虽然没有桥，但河里有不少大块小块的石头，老师先跳上一块石头，再让孩子们找路到这儿来，尽管孩子们找的石头，走的路，都各不相同，但方向都向着老师，目标都是过河。”河的这边是学生的已有水平，河的对岸是学生的潜在水平，河面就是最近发展区。教师要能够在河中放一些“垫脚石”，帮助学生顺利到达对岸。

四、篮球架效应——适度要求逐步提高

篮球架效应，是对于“跳一跳，够得着”这一说法的又一形象性阐述。

【效应描述】

篮球架效应的说法，基于两个假设。

第一个，假设篮球架有两层楼那么高，那么，几乎谁也无法直接把篮球投进去，从而也就不会有人去玩了。

第二个，假设篮球架和一个人差不多高，那么，几乎所有人都能不费力气地把篮球投进去，百发百中，从而也就不会有人感兴趣。

只有现在的这个高度，跳一跳，够得着，才让篮球运动吸引了无数人参与。

这一效应就说明了，一个“跳一跳，够得着”的目标才是最具有吸引力的，人们会以高度的热情去追求这样的目标。

当篮球架效应运用到教学中时，我们得到的启示是：教师给学生设立的目标，必须是学生力所能及的，而且不断提高的，要能让学生有机会成功，又不至于因高不可攀而产生挫败感。只有不断地给学生设定如同“篮球架”一般高的目标，让学生“跳一跳，够得着”，才能有好的效果。

【教学应用】

一位语文教师在执教高尔斯华绥的《品质》时，对课堂提问是这样设计的：

先提问“文中对格斯拉店铺的描写有几处，有何异同？”学生通过对比阅读和思考，“跳几跳”应该不难从文中找到答案。

接着设疑，“店铺为何会发生如此大的改变？”学生自然会得出“店铺的变化象征了主人公生活、命运的变化”的结论。一个新问题的解决，便能激发起学生强烈的学习欲望和渴求进步的内在动力。

这时，教师再铺设一两个问题，如：“格斯拉制作的靴子质量上乘，为什么生活会发生如此大的改变？”“如果你是格斯拉，你会如何抉择？”

通过巧设梯度，疏通学生思路中的淤塞部分，其他疑难问题便会迎刃而解。随着一个个问题的解决，学生便会产生一种战胜“障碍”的满足感，品尝到释疑的成就感，从而推动教学进程的发展。

下面这位语文教师在讲《变色龙》一课时的提问，也有异曲同工之妙。

教师提问：“奥楚蔑洛夫的基本性格是什么？”学生答：“善变。”接着问：“善变的明显特点是什么？”回答：“一是变得快，一瞬间对狗的态度变了5次；二是变得蠢，愚蠢的理由和荒唐的逻辑。”教师接着问：“奥楚蔑洛夫善变，但万变不离其宗，这宗是什么呢？”“见风使舵，趋炎附势，媚上欺下的奴才本质。”最后教师提出：“什么因素促使‘变色龙’一变再变？作者为什么要塑造‘变色龙’这一形象？”经过短暂讨论，学生回答出，“左右奥楚蔑洛夫反复无常的因素是将军的威势。作者讽刺的锋芒指向一般灵魂卑劣的变色龙，而且也指向造成这种社会病态的根源——沙皇专制的反动统治。”教师的提问由浅入深，由易到难，有利于锻炼和培养学生的逻辑思维能力。①

【应用分析】

案例中两位教师都关注到了课堂教学的重要环节——设疑。

设疑是课堂教学中经常使用的启发学生思维的手段。从根本上而言，教学本身就是一个不断地“设疑—释疑—解疑—无疑”的过程，学生在这个过

① 案例来源：“新课程下中小学教师课堂提问与点拨的技巧”.温淑娟

程中，不断地激发好奇心和求知欲，培养独立思考的良好品质。

然而，设疑并没有那么简单。我们发现，在实际的教学工作中，很多教师的设疑水平并不高，要么过于简单、缺乏深度，看似学生热热闹闹地回答，但实际上他们得不到进步；要么就是过于困难、没有梯度，只有个别优秀学生积极参与其中，其他大部分的学生都只能当成壁花，完全无法参与进去；要么就是设疑之后，缺少足够的追问和引导，不给学生思考时间，太急于公布答案，让学生被动地接受答案，对于思维的培养没有任何用处。

那么，教师如何才能够将设疑真正当成激发学生的主体意识和开拓意识的过程，促进学生思维的发展呢？案例中两位教师的做法就非常值得借鉴。他们的设疑梯度合理，由易到难，由表及里，一环紧扣一环，逐步提高难度，逐步引发学生的认识冲突，从而达到了事半功倍的效果。

主题 3　完善教学方法的心理效应

教育家休金娜说：教学方法是以解决教学任务为目的的师生共同活动的方法。实际的教学过程中，教师使用的教学方法，数量极多，针对不同的场景选择不同的教学方法，能够取得不同的教学效果。教师要善于将心理学效应运用到教学中，让教学方法的运用更加有效。

一、鱼缸效应——扩大学生的成长空间

鱼缸效应，来源于对实际生活中的观察所得的结论，是指鱼需要自由的成长空间，人也同样。

【效应描述】

有一种热带金鱼，人们时常把它养在鱼缸里，就会发现，这种鱼不管养多长时间，几乎都不怎么长个头，一直都是三寸来长。然而，当把这种鱼放在水池里后，不到两个月的时间，原本三寸长的鱼就长到了一尺长。

这就是鱼缸效应，它指出，鱼需要自由的成长空间，鱼缸的狭小空间限制了鱼的生长，只有打破这种既定的空间，才能让鱼有成长的机会。

这一效应在实际教育中有很多的表现，家长会帮孩子选择要上的学校、要学的兴趣班、要穿的衣服、要买的玩具；教师会帮学生选择要达成的目标，要采用的学习方法等。长期下来，学生就会没有选择、没有思考，从而不会有太多的尝试，不会举一反三，即使他学了很多知识，仍然是不会自主学习，不会自己成长。

【教学应用】

一个学期快结束了，某个星期五快下课时，我问学生："《水浒传》大家都看完了吧，张老师想请你们当一当老师，给大家讲讲 108 名梁山英雄好汉的故事，你们愿意吗?"

"太愿意了！"同学们不约而同齐声欢呼。

"那么活动以比赛的形式开展。全班 56 人，分 14 小组，前后四人为一小组，同学们先在小组内轮流试讲，然后每组选出一名小老师参赛，最后从 14 名同学中选出 4 名表现出色的小老师，同时他们所在的小组也被评为'优秀小组'。本周做准备，下周一语文课开展活动。老师不仅要考查个人的语言组织表达能力及对人物的理解表现力，还要考查小组团队的合作能力、创新能力。"我给学生布置好了任务。

星期一第一节课就是我的语文课，走进教室，我就把讲台让给了 14 位小老师，不用抽签，小组轮流上阵，轮流讲故事，我则像平时听其他老师上课一样认真听课，课堂上，每位小老师侃侃而谈。

"武松打虎""林冲雪夜上梁山""鲁提辖拳打镇关西""林教头风雪山神庙""杨志卖刀"等故事情节都被他们讲述得惊心动魄，人物形象也栩栩如生。听着他们的讲述，看着他们的表情，就知道他们课下花了一番工夫，而听的同学也非常认真，没有一个走神。下课铃声响了，同学们还沉浸在故事当中，久久没回过神来。

第二节课我接着让同学们用两三句话对小老师进行点评，学生的点评竟然也说得头头是道，非常到位。伴着下课铃声，我让同学们用掌声为自己喝彩，为这堂课喝彩！①

【应用分析】

苏联教育家苏霍姆林斯基说："教育的实质就在于使一个人努力在某件事上表现自己，表现出自己的优点来。"

我们的教育，应该要好好地想一想，怎么才能让学生有机会努力表现自己，展现出自己的优点。

案例中的这位教师，采用的方法就是将课堂交给学生。他给学生设置好活动主题、活动规则，然后让学生尽情发挥自己的主动性，从而构建出精彩的课堂。

事实上，这是一种行之有效的方法，对于提升学生学习的主观能动性有着重要的作用。

教师在课堂上给予学生自主发挥的空间，能够让学生在自主学习、主动探究的过程中培养创新精神。

（1）给学生一个选择学习的空间。教师教学很多时候都是按照课本及自己的思路来设计课堂教学的每个环节，学生只能跟随教师的引导进入预设的程序中，这个过程中，学生毫无主动性可言。教师如果能够适当地给学生一个空间，让他们自主选择学习，就会极大地提升学习积极性。

（2）给学生一个拓展思维的空间。教师很多时候会偏重教材，死板地依据教材内容进行教学，这种为教内容而教的方式，很大程度上限制了学生思维的发展。教师要能够凭借教材、利用教材，同时也拓展教材，引导学生知道"是什么"，更要引导学生思考"还能怎么样"，调动学生的思维。

（3）给学生一个质疑解难的空间。"学问学问，要学就要问"。学生正处在身心发展的重要阶段，有着强烈的好奇心和求知欲，如果教师忽视这一点，在课堂上"满堂灌"，就会遏制学生的求知欲。教师不要怕学生提出各种问

① 张银娥.给学生自主成长空间，以心灵相守教育之路［J］.新课程·中旬.2017（09）

题，同时主动给学生留出质疑解惑的空间，培养学生的探索精神。

（4）给学生一个动手操作实验的空间。课堂上，教师讲得再精彩、示范再纯熟，都比不上让学生参与其中，亲自动手做一做。教师要能够给学生留出实践的空间，让学生有一定量的实践活动，从而学以致用。

二、打破思维定式——让学生学会思考

思维定式，又称为“惯性思维”，是前面的活动给后面的活动所造成的一种特殊的心理准备状态，或活动倾向。这一效应与“迁移效应”蕴含着同样的内容。

【效应描述】

美国心理学家迈克做过一个关于思维定式的实验。他在天花板上系了两根绳子，这两根绳子之间的距离，要比人的两臂伸展开的长度长。如果人们用一只手抓住其中一根绳子，那么，另外一只手是怎么都抓不到另外一根绳子的。迈克又要求参与实验的人把两根绳子系在一起。他在离绳子不远的地方放了一个滑轮，但是参与实验的人，明明都看到了这个滑轮，却都没有思考它的用处，还是继续努力用两只手去够绳子，结果自然是无法成功。

事实上，只要用上滑轮，就能很容易解决这个问题。只要将滑轮系在一根绳子的末端，用力把它荡起来，然后抓住另一根绳子的末端，等滑轮荡到面前时抓住它，就能把两根绳子系住了。

人们明明都已经看到了迈克给准备的新工具，但是在惯性思维的影响下，毫不犹豫地忽视了它。

这就是思维定式。这种定式有时会有利于问题的解决，有时则会妨碍问题的解决。当问题的条件和环境不变时，思维定式能够让人们运用已经掌握的方法快捷地解决问题，但是当环境、条件发生变化时，这种思维定式则会阻碍人们采用新的方法来解决问题。

日常生活中，思维定式能够帮助人们解决90%以上的每天都会遇到的问题，但是对于创新和创造，是有阻碍的。而运用到学习上，思维定式的积极作用表现在能够促进同类或相似课题的学习；消极作用则在于当需要解决不同的问题时，会产生强烈的干扰作用，使人们很多时候想不到用新方法去解

决问题。

【教学应用】

小学数学教学有很大一部分内容是空间与图形：认识各种图形，求图形的周长、面积、体积，认识、探索位置与方向。由于小学生的思维正处于发展时期，思维灵活性不强，所以如果教师在教学这部分知识时，缺乏意识，不注重变式训练，就会使学生头脑中的空间表象单一，空间观念不强。

解决办法：提供不同方向、不同位置的图形以及相互关系。

在教学《平行四边形的面积》《三角形的面积》这部分内容时，我们通常是让学生运用转化的方法探究面积公式，通常是用割补法把平行四边形转化成长方形，拼接法把两个完全一样的三角形转化成平行四边形。在完成这个主体之后，教师一定要给学生提供另外的例子，让学生认识到有的平行四边形还可以转化成正方形（底和高一样长的平行四边形），一个三角形也可以转化成平行四边形（连接三角形两边中点，把三角形分成两部分，把上部分旋转 180 度，与下部分拼接），进而也可以推导出平行四边形、三角形面积公式。当然，这种转化不一定由学生完成，可以由教师呈现或师生合作完成，其目的就是不让学生的思维形成定式，而是产生这样的意识："啊！还可以这样……"

如教学角、长方形等图形的认识时，为学生呈现的角、长方形等不能都是水平方向的，各种位置的都要有，在学生头脑中形成各种位置的丰富的表象，发展空间观念。①

【应用分析】

思维定式在学生的学习中是经常出现的，一般而言，会有下面的几种表现形式。

前概念定式。学习在学习时，总是会有一些已经内化了的前概念，先入为主，使得学生囿于成见，对后概念的学习产生干扰作用。例如，在讲"果实"这一节时，课前我让学生准备一些自己认为是果实的不同果子上课时带来。学生带来的大多是水果类，如梨、苹果、橘子等，少数学生带来了花生、

① 刘丽波、牛智军.数学教学打破学生思维定式的策略［J］.新教育时代·学生版.2017（17）

核桃、葵花籽，甚至有的同学把胡萝卜也带来了。这说明多数学生日常生活中“果实”的概念是：凡是树上结的、能够吃的（不包括外果皮和里面的种子）都叫果实，显然这个“果实”的概念和生物学中“果实”的概念是有一定的差异的。在教学中如果不注意这一点的话，就会影响正确的果实概念的建立。我通过让学生对比这两个概念的异同，帮助他们克服了前概念造成的思维定式，建立了正确的“果实”的概念。①

此外还有经验定式、习惯定式、权威定式等。

这些定式严重阻碍着学生的创造性思维活动。思想倦怠、因循守旧，是无法达成创新的。

教师要培养学生打破思维定式的习惯，从运用多种教学方法的层面入手，培养学生的创造性思维能力。

教师要让学生多观察、多思考，进而大胆质疑，勇于探索问题；要结合不同的教学内容，引导学生从不同的方面归纳、整理、构建，促进多角度思维的灵活性。

三、霍布森选择效应——激发学生的创造性

著名政治家富兰克林曾说：“思考一旦停止了创新，就如同停止了生命。”假如一个人让自己处于没有选择的境地，那其创造性思维必将被扼杀，更别说有什么发展空间了。这就是霍布森选择效应要告诉我们的道理。

【效应描述】

1631 年，英国商人霍布森在贩马。生意刚刚开始的时候，他对前来买马的人承诺道：“我这里有各种各样的马，能够满足你们的各种需求。你们可以选择租马，也可以选择买马，随便选择，我保证价格合理。但是，有一个条件，你们只能挑选最靠近门边的那匹马。”

的确，霍布森的马场非常大，里面有很多匹马，但是马场的门非常低矮，那些高头大马根本就没法靠近门边，出来的都是一些瘦马、小马、矮马。

后来，管理学家西蒙听说了这件事，就把这种没有选择余地的“选择”

① 案例来源：打破思维定式培养创新思维.李小康

称为“霍布森选择”。如果我们陷入了这一效应中，就意味着不能发挥自己的独立性和创造性，会极大地限制我们创造性地学习、生活和工作。

【教学应用】

不久前，笔者听了一堂公开课，教的是杨朔的散文《画山绣水》。执教的教师让学生初读课文后，分小组讨论，提出阅读中的问题。学生发言的积极性很高，问题真不少。诸如：

（1）怎么理解标题“画山绣水”？

（2）“没有过一条水，这样泛滥着劳动人民的智慧的想象。只有桂林山水。”这里的“泛滥”一词怎么理解？

（3）“这是个神话，却又是多么痛苦的事实。”这句话怎么正确解读？

（4）文章为什么引用了这么多神话故事？

（5）“不管是谁，心胸里都贮藏着无数迷人的故事，好似地下的一股暗水，只要戳个小洞，就要喷溅出来。”这个句子直觉很美，比喻非常形象但讲不出好在哪里。

……

接着，教师引导学生讨论了几个问题，包括第（1）个和第（3）个问题。然后，话锋一转：“由于时间关系，其他问题不讨论了。”教师让学生再次朗读文本、品味语言。

问学生：哪些句子你最欣赏，为什么？

学生纷纷回答，列举的都是些辞藻华丽的抒情、写景的句子。教师很高兴。但是学生提出的问题（2）、问题（5），教师避而不谈。

接着，教师放映了事先做好的课件：直接材料与间接材料。教师讲解了这两个概念。

噢，原来《画山绣水》的神话故事是间接材料。

“间接材料的作用：丰富主题”，又是一张幻灯片！

离开下课还有三分之一时间，教师让学生编写、讲述本地的民间传说，进行所谓的拓展训练。①

---

① 顾志裕.“霍布森选择效应”的背后.语文学习.2008（06）

【应用分析】

对一篇课文来说，首先是学生学，而不是教师学。这位教师在《画山绣水》的教学中，让学生先提出问题，把学生初始阅读的疑问作为教学的出发点，这是很好的。因为这样做很容易激发学生的学习愿望；但遗憾的是，教师并没有真正让学生将这些问题散发开来。学生提出的问题正中教师下怀的，教师便积极回应；反之，则不予理睬，推说“由于时间关系”。

其实，教师心中早存预设：什么问题学生是可以提的，问题的答案是什么。对此，教师自然“胸中有丘壑”，哪有学生的选择余地！哪听得进学生的质疑？最典型的证据就是“品味语言”这一个教学环节。学生初读《画山绣水》后提出的两个关于语言理解的疑问，其实是很有讨论价值的。亚里士多德说：“思维是从疑问和惊奇开始的。”疑问是发现问题的信号，是解决问题的前提，是形成创新思维的基础。一个疑问是否有讨论价值，就看它能否促进学生更积极地参与学习过程。一个好问题应该是一个高级组织者，它可以为紧随其后的回应提供一个框架。但是这位教师希望听到的是自己期望中的问题，仅此而已。

这种教学从表面上看来，是有条不紊、井然有序的，但事实上，教师更多关注的是学生应该掌握什么知识，怎样去让学生掌握这些知识，而对于学生需要什么完全没有关注，忽视了学生个体的差异性，对于学生提出的问题，教师置若罔闻。学生的独立思考、积极互动和个性化体验都被压抑了，展现出来的是肤浅的、表面的课堂主体地位，缺失了教师有针对性的引导、点拨和帮助。这样的课堂教学正是虚假预设性的课堂控制，深陷在霍布森选择效应的泥潭中，对于学生主体性的展现，缺乏最根本的认知。

主题 4 合理安排时间的心理效应

培根曾说："合理安排时间，就等于节约时间。"课堂教学的时间是有限的，要想在有限的时间内更有效地向学生传授知识，就需要教师合理安排教学计划，将各个教学环节的时间进行预估，将重点知识安排在学生学习效率最高的时间点，从而达成事半功倍的效果。

一、系列位置效应——黄金时间讲重点内容

系列位置效应，也称为系列位置曲线，是加拿大学者默多克提出的，他指出，人们要把重要的事情安排在开头和结尾的地方。

【效应描述】

1962 年，默多克进行了下列实验：他随机选择了一些人参加实验，给这些人展示了 40 个彼此之间毫无关联的词语，如肥皂、氧、枫树、蜘蛛、雏菊、啤酒、舞蹈、雪茄、火星等。

默多克要求被试者按照一定的顺序来学习、记忆这些词语，学完后，让他们自由回想，想到哪个词就说出哪个词。

实验结果发现，人们记得最多的，是最先学习和最后学习的词语，而中间部分学的词语，人们记得最少。

据此结果，心理学家描绘出了"系列位置曲线"（像字母"U"的样子）。这条曲线表明，前 5 个词语正确回忆起的比率在 30%，后 15 个单词这一比率逐渐增高，从 20% 到 100%，而中间的其他词语，则在 20% 以下。

这个效应说明了，学习材料中各个部分的位置不同，学习效果也就不同，开头和结尾的效果要好，而中间部分的记忆效果是最差的。

【教学应用】

前天去观摩了一节六年级的新增内容课《鸡兔同笼》。课前，刘老师亲和的面容和幽默的语言一下子缓和了学生拘谨的气氛，让学生“士气大增”，课堂上学生争先恐后，气氛极其活跃。

“笼子里有若干只鸡和兔。从上面数有 8 个头，从下面数有 26 只脚，鸡和兔各有几只？”

师问：“你们能先猜一猜吗？”

学生猜。

师：“猜得对不对呢？咱们来验证一下。”师生一起验证。

师：“用猜想的方法，解决这道题好不好？”“有什么好的方法吗？”

学生回答。

师：“那咱们来试试用列表法和画图法来解决。”

师：“做完了再试试用算术法和代数法解决。”

过了 10 来分钟，老师让学生详细汇报。

这样一节课的时间过了一大半，学生很难再看出前面的积极与热情，有的开始用手支头，有的学生不能集中注意力听汇报，仍旧拿笔画着自己没做完的，有的目光东游西荡。

当老师和学生讨论到本节课的重点时，时间已过了 30 多分钟了。还好，老师的课件准备得很充分，演示直观形象，这才收回了学生的目光和“部分”学生的注意力。但仍没有时间进行巩固、延伸、小结评价等，老师只好无奈结课。

我想，如果教师把握好本课的教学目标与重点的关系，将重点放在课堂的“黄金时段”进行讨论，效果一定会大不一样。

【应用分析】

从大量的教学实践中，我们能发现，如果教师的课堂教学时间分配不当，就很容易出现“虎头蛇尾”的课堂表现。学生在前半段时间兴趣盎然，积极主动投入学习；而在后半段时间，则会逐渐无法集中注意力，甚至教师的某些教学环节都没办法按时完成，只能草草结课。这对于提高课堂教学效率，是非常不利的。

一般来说，不同事物的发展中，都有其最宝贵的时间，称为“黄金时段”。教师在课堂教学上，也要注重黄金时段的重要作用。

科学研究认为，5~7岁的儿童能够连续集中注意15分钟，7~10岁的儿童20分钟，10~12岁的学生25分钟，12岁以上的学生30分钟。

教师要能够注重学生连续集中注意力的这一黄金时段，完成主要的教学任务。

此外，近些年来，也有一些教育专家把“黄金分割”的原理引用到课堂教学中，用来分配教师主导和学生自主的时间。以一节课40分钟为例，教师主导的时间为40×0.618=24.72≈25分钟，学生自主的时间为40×（1-0.618）=15.28≈15分钟。教师可以根据这一时间规律，将学生思考、学习、讨论的时间提前计划好。

教师如想更合理地分配教学时间，要注意从以下几方面着手。

（1）把握好教学目标，对于重点目标的落实要能够分配更多的时间。

（2）对各个教学环节的时间要进行统一安排，同时尽量注意不要安排得过于紧张、分秒算尽，要有机动时间，这样，教师在实际实施教学的过程中，如果要强调某一环节，才有回旋的余地。

（3）教师要注重学生的个体差异，按照班级里大多数学生的实际水平来安排教学活动，但是每个学生的学习能力是有差异的，不要求每一个教学目标人人过关，要平衡好集体利益与个别学生利益的关系。

二、超限效应——讲得太多未必好

超限效应，指的是由于刺激过多、过强或者时间过久，会引起心理的极度不耐甚至逆反的心理现象。它源于著名作家马克·吐温的一件轶事。

【效应描述】

马克·吐温去教堂里听牧师做演讲。开始的时候，他认为牧师讲得很好，非常让人感动，就掏出了自己所有的钱准备捐款。

过了十几分钟，牧师的演讲还没有结束，他开始有些不耐烦了，心里想着，还是只捐一些零钱吧。

又过了十分钟，牧师还没有讲完，马克·吐温生气地决定，一分钱都不捐了。

又过了一段时间，牧师终于演讲完了，马克·吐温非常气愤，不仅没捐钱，还从别人捐钱的盘子里偷了两美元出来。

这就是基于超限效应的影响。在实际教育中，我们也常常遇到这样的情况：当有人说，“针对这个问题，我有三点要讲”的时候，你会很认真地去听，甚至会记下这三点；而当“三点”变成“十点”的时候，你肯定不会有兴趣听下去。教师要能注意到这一点，精简内容，重点突出，而不是将所要表达的内容湮没在啰唆的话语中，那只会让人反感，也不要尝试用过长的时间或过量的练习来让学生重复学习某一知识。

【教学应用】

一位教师在教学《普罗米修斯》一文时，当学习到课文最后一段“大力神砸碎铁链，解救普罗米修斯”时，下课铃响了。可是，教师并没有及时下课，而是匆匆总结：“同学们，本节课我们通过学习，知道了普罗米修斯为了造福人类，违背宙斯的命令盗取火种，面对宙斯的残酷惩罚宁死不屈，真是一个为人类谋利益，不畏强权、勇于牺牲的伟大的神……”

学生听到这里，以为要下课了，一边听一边收拾学习用品。没想到教师并没有停下来，继续眉飞色舞地说：“在这个神话故事中，还有火神、宙斯、大力神等，请你用简洁的词语概括出他们的品质。”

接下来又紧张地组织学生进行最后一个环节的学习。这时，大部分学生早已心不在焉，听不进去了。有的哀叹一声趴在桌子上；有的伸长脖子，眼睛望着窗外；有的小嘴嘟嘟囔囔，满是抱怨不满的神情。在这样的情景下教学，学习效果可想而知。

这个教师的行为体现出他是一位极其有责任心的教师，但是他没有考虑到学生的感受和学习状态，结果事与愿违，出力不讨好。如果经常这样做，不仅会招致学生讨厌教师，甚至会让学生不喜欢上语文课。所以，聪明的教师往往会在下课前两分钟做好对本节课的总结、作业的布置与后续延伸学习的要求，准时下课。①

---

① 雍雅月.规避“超限效应”促进有效学习［J］.小学教学参考（语文）.2014（11）

【应用分析】

如同案例中的教师一般，拖堂已经成为学生们最不愿意接受的事情，在这段时间内，学生的接受度几乎为“0”，甚至是负数，会极度厌烦教师的拖堂行为，甚至将这种厌烦迁延到这个教师以及这个学科。这就警示教师，要能够在教学中规避“超限效应”，促进学生有效学习。

教师可以从以下这些方面来避免超限效应的影响。

（1）采用灵活多变的教学方式，避免千篇一律、枯燥无味、固定的教学模式，要通过不断变换教学方法等，让学生觉得每一节课、每一个环节都是全新的、富有魅力的。

（2）合理安排教学内容，重点知识不过度重复。教师在课堂上遇到教学重点和难点时，往往会不厌其烦地反复讲解，甚至在一节课上也多次重复这一知识点，生怕学生掌握不了，但是强调过多，也很容易造成“超限效应”的不良后果。

（3）分配各个环节的时间，避免拖堂。有的教师喜欢拖堂，总想利用拖的三五分钟让学生多学一点，但这种做法是弊大于利的，只会换来学生的抱怨，达不成预期的效果。

（4）避免重复单一的练习设计形式。有的教师，尤其是低年级的教师，经常给学生布置抄抄写写的练习，五次、十次，甚至更多，只求“量”不求“质”，严重超出了学生的负荷，只会让学生产生倦怠和反感。好的教师会利用课堂时间，精讲精练，把学生该掌握的知识都融入课堂中。

三、鸡尾酒会效应——注意想注意的

鸡尾酒会效应，是人的一种听力选择能力。人们会因为注意力集中在某一个人的谈话上而忽略背景中的其他声音。

【效应描述】

鸡尾酒会效应源于 Cherry 在 1953 年所提出的著名的“鸡尾酒会”问题。他指出，在非常嘈杂的室内环境中，比如说在一场鸡尾酒会中，会同时出现不同的声音：音乐声、餐具碰撞的声音、不同人同时说话的声音等，在这种环境下，面对面的两个人却可以顺利地交谈，他们都能够听清楚对方说的话语，而似乎听不到说话声以外的其他噪声。

这一效应，人们有时候用听觉注意的原理来解释它：当人的听觉注意集中在某一件事物上时，人的意识会将一些毫无关系的声音排除在外，而无意识中却始终在监察着外界的刺激，一旦有一些特殊的刺激出现，就能立刻引起注意。简单来说，就是指大脑对声音进行一定的判断，决定听还是不听。

尽管直到现在，也没有人能解释清楚其中蕴含着什么样的声学原理，人们也无从知晓，耳朵究竟是如何判断这些声波并进行甄别传送的。但这并不妨碍鸡尾酒会效应的实际运用。

在实际教学中，我们要能够有效运用这一效应，增加学生“听”的内容，尽量减少学生屏蔽掉、不愿听的内容。

【教学应用】

黄浚滨是我教过的一个学生，一年级入学第一节课，他活跃的身影及大方的表现就让我喜欢上了这个小男孩。可是，几天后我发现，他的小小的身体总是那么忙碌，他的桌椅常常是歪斜的，他的桌子上总有收拾不完的学习用品。上课除了听课不是重要事情外，其他的事情件件重要。

如此一来，他的速度永远比别人慢几拍，注意力永远游离在学习以外的活动中，而且通常因为注意力不集中而导致作业和练习都做得一塌糊涂。课堂内外，他被老师找去谈话的次数与日俱增。两个月下来，丝毫没有进步的迹象。

我通过家访，发现他在家里的表现比在学校里有过之而无不及。父母生意忙、无暇顾及他的学习。到了空闲时间，妈妈辅导作业时他依赖性极强，非得陪着他不可，家长一走开，他也不见踪影了。

黄浚滨的种种表现让老师和家长头疼、无奈。如何让他注意力集中起来成了我们各科老师共同探讨的话题。我们都不肯任其放任自流。我开始分析最能影响他成绩的因素了。注意力不集中，所以课堂上的知识只是一些零乱的记忆碎片，老师每天进行补差工作让他产生了厌学。父母工作的繁忙又滋长了他的懒散和顽劣。这些因素导致成绩不理想。因此，在课堂上集中他的注意力就成为拯救他的良药了。

一个星期下来，我们各科老师还是发现了他学习上的规律性：不管什么课，刚上课的前 5 分钟基本能认真听课；自由学习时就不能控制自己了，常常是和周围的同学交头接耳。

课堂上的练习不能单独完成，因为基础较差；偶尔简单的问题如果他听到了也会举手回答，有时回答问题答非所问，典型的注意力不集中。

作为一名班主任兼语文老师，我决定先从培养他良好的学习习惯入手。我在一次班会课上特别表扬了他整洁的衣着和书包，这时，我发现他安静地坐了有 10 多分钟，这是个好的开始。课后我单独找他谈话，还是先表扬他今天在课上的表现，然后提出了希望："如果你每上课前都能把下节课的学习用品摆整齐，那就更棒了！如果每节课你都能像今天安静下来认真听老师讲课 10 分钟的话，我相信老师们都会喜欢你的。"他笑着点了点头。

最初的时候，每节课前，我都对他提出非常明确的要求，今天在哪几个学习环节中要认真学习。而且对于他的表现，严格遵照计划和激励措施来进行。我充满信心来做这件事，在鼓励中提出希望，使他不气馁、不失望，最终帮助他形成了良好的学习习惯。

【应用分析】

案例中的这位教师，面对的就是如何引起学生的有意注意的问题，他的做法很常见，就是不断地引导，要求与奖励并用。

一般来说，教师要在课堂上吸引学生的有意注意，让学生将精力更多地集中在学习本身上来，必须注意以下几点。

（1）教师的授课方式要生动、直观，语调要抑扬顿挫，身体语言要丰富，要让教师讲的内容变成学生想要注意的，主动去听，主动去学，而不让自己成为学生交头接耳或发呆走神的背景。

（2）教师要让自己的声音变成学生"喜欢的声音""熟人的声音"，这些声音容易激起学生记忆中相应的模块，能够影响学生首先注意到教师。教师也要能够了解学生们的课余喜好，和学生成为朋友，成为和他们的生活息息相关的人，从而使自己的声音成为过滤不掉的声源。

（3）要在学生注意力集中的时段，安排进行重要的教学任务，让学生的集中注意力得到更有效的运用。

专题四

提升学习效果的心理效应

叶圣陶先生说：『培育能力的事必须继续不断地去做，又必须随时改善学习方法，提高学习效率，才会成功。』教师的教与学生的学是相互的，教师在提高自己的教学质量和课堂教学效果的同时，必须关注学生是否有效地进行了学习，只有教学相长，才能真正实现学习目标。

主题 1 学生学习对课堂教学效果的影响

学生学习效率的提高是教师们持续关注、不断探讨的问题。教给学生正确的方法，帮助学生提高学习效率，是教师在教学相长的过程中必须重视的一件事情。教师要能够认识清楚哪些因素会影响学生学习效率的提高，同时想好积极应对的方法，有针对性地帮助学生进行学习。

一、影响学生学习效率的因素

学生的学习主要集中在课堂上，课堂教学效率的提高，必须关注学生的学习效果，要提升学生的学习效率，要先找出有哪些因素会影响学习效率的提高，才能对症下药。

1.注意力集中程度

学生的注意力越集中，学习效率就越高；反之，学习效率就越低。当学生的注意力不够集中时，本来一遍就可以掌握的知识，就需要进行多次重复，不仅浪费时间，还会滋生厌烦情绪。

2.学习动机和学习兴趣

动机是行为的前提，兴趣是行为最好的老师。如果学生的学习动机不足，学习兴趣不高，就会使学习变成一件枯燥无味的事情，学习效果必然不佳。

如果学生对学习缺乏足够的认识，学习动机主要集中在对成绩、排名、奖励等的关注上，就很容易因为某次挫败而产生严重的情绪困扰，多次挫折更会导致学习信心的减弱。

3.学习方法

“没有最好，只有更好”，这句话同样适用于学习。并没有某种学习方法是最好的，只有适合自己的，才最应该采用。即使是大家都公认的好学习方法，也需要适合自己才行，否则的话也是起不了作用的。

4.学习计划和安排

学习是一项整体工程，是否能制订合理的学习计划，不同的学习任务之间如何进行时间的安排，不同的学习安排之间是否能相互促进，这些都极大地影响着学习效率。

5.心理素质

学生心理素质的好坏，对于学习效率、学习成绩，乃至个人的整体成长都有着重要作用。他们对待挫折和困难的态度、对待成绩的态度、对待批评的态度等，都属于心理素质的范围。对于心理发展尚不完善的学生而言，有太多因素会导致他们出现心理方面的问题。

此外，轻松愉悦的教学氛围、良性互动的师生关系和生生关系等也会对学生的学习效率有所影响。

二、采用多种手段，帮助学生提升学习效果

教师了解清楚有哪些因素会对学生的学习效率有所影响之后，便能对症下药，有针对性地去除一些会影响学生学习效果的外因，并且教会学生如何更好地学习。

1.培养学生的学习能力

一个学生学习效率的高低、成绩的优劣，很大程度上取决于他是否有足够的学习能力。这里的学习能力是一个广义的概念，包括记忆能力、思维能力、探究能力、实践能力等，是学生学习综合素质的体现。

教师要能够充分运用各种方法，帮助学生提升各项学习能力，让学生能更有效地学习。

2.帮助学生制订学习计划

“凡事预则立，不预则废”。学习计划的重要性是毋庸置疑的，教师要能够帮助学生制订适宜的学习计划，其中要包含学习目标与任务、完成目标的具体措施、时间及精力安排等。要做好长期的学习规划与近期的学习任务安

排，对学习进行细致的规划。

有些学生也知道制订学习计划很重要，计划也做了不少，但都坚持不了多久就放弃了，其原因在于计划制订得并不合理，或是脱离实际，或是目标含糊等。教师要能够引导学生制订明确具体、切合实际的、有效的学习计划。

3.塑造良好的学习环境

教室是学生完成学习任务的主要场所，学生每天有大部分时间是在教室里度过的，教师要努力为学生在教室中营造良好的学习环境。严谨的班风、浓厚的学习氛围、轻松愉悦的人际关系，有助于学生安下心来学习。

主题 2　培养学习力的心理效应

知识是重要的，但比知识更重要的，是一个人的学习能力。当一个人具备了学习型思维，他就并不局限于单一地获取知识，而是从各个方面进行个人能力的提升。学习能力是所有能力的基础。教师要能够培养学生的学习能力，让他们在智商、专注力、时间、方法等多方面取得进步，进而获得个人的重大发展。

一、反馈效应——不闻不问最糟糕

反馈效应的说法，起源于物理学。它指的是，把放大器的输出电路中的部分能量送回到输入电路中，从而增强或减弱输入信号的一种现象。将它运用到心理学中，就是人们对自身学习结果的了解会对学习本身有强化作用，促进人们更加努力学习，提高学习效率。

【效应描述】

心理学家赫洛克做过一个关于反馈效应的实验：他随机选择了一些人参与实验，并将这些人分成人数相同的 4 个组，要求他们在 4 个不同诱因下完成一项任务。第一组的诱因是激励，每一次工作之后都给予表扬和鼓励；第二组的诱因是训斥，每一次工作之后都会对工作中出现的问题进行训斥和批评；第三组的诱因为忽视，每一次工作后都不对他们的工作进行任何评价，只让他们听其他两组被表扬或者训斥；第四组是控制组，将这组人与前三组隔离开来，每一次工作后也不进行任何评价。

实验结果显示，这 4 组中，成绩最差的是第 4 组（控制组）；第 1 组和第 2 组的成绩要明显优于第 3 组；而且第 1 组的成绩在不断上升，工作积极性也在不断提高，相对地，第 2 组人的成绩则有一定的波动。

这就说明，对学习和活动、工作结果进行及时评价，能强化他们的参与动机，对活动本身起到促进作用。同样，激励的作用要强于批评，而批评的作用要强于不闻不问。

因而在教育中，就要求我们能对学生的学习进行反馈，有反馈比没有反馈好，即时反馈要好于远时反馈。教师要能通过多种多样的手段即时地评定学生的学习、活动效果，比如说观察交谈、现场提问、效果评价等，并将反馈信息及时传达，随时调节接下来的学习和活动。

【教学应用】

经历一：单元整组教学的第一课时的预习作业是“熟读课文，解决字词，扫清障碍”，第一次布置此项预习作业时，是要求学生在书上圈画标注，教师在上课的过程中进行预习反馈（教师反馈）——有的同学书上干干净净，没有预习，无法参与交流，听课效果自然不佳。第二次布置此项预习作业时，改为要求学生在预习本上整理易错字音、字形等，教师一上课就检查预习作业并进行总结反馈，然后在充分交流后利用预习反馈题（教师反馈），检验学生的预习、学习效果——提问时，部分同学因预习好，反馈题能答对，听课效果自然不错，同时也体味到了成功的快乐（自我反馈）。下次布置此项作业时，打算要求学生仿照教师的题型自行整理预习反馈题，或许效果会更好。

经历二：周末布置了一篇关键词日记——先从开心、悲伤、疼痛、愤怒、生气等词语中任选关键词，然后选取对应的事件进行叙述，要求进行语言、动作、神态、心理等描写，并把自己的关键词反着写在篇首或篇尾。如果我在批阅的时候感受与作者的关键词相同，我会给一个“优上”的评价。周一中午，就有同学来问我的感受是否与他的关键词一样。可我周一课太多，实在看不完全班的日记，于是就在班上交流了批阅完的几篇：高××的日记读到一半，就有人在嘟囔“悲伤”，赵×的日记读完后大家说出“开心转愤怒”，穆××的日记读完后大家连续说了三个关键词都与作者的谜底不符。于是引导大家思考这是为什么。最后得出结论：语言、动作、心理等描写在“让人物活起来”时有着重要作用（自我反馈），在六单元的习作中应该引起注意。

【应用分析】

正如案例中所描述的，反馈对于课堂教学和学生学习具有非常重要的作用，教师要能够充分重视反馈的意义和实效，学会用多种方式方法进行反馈。

（1）运用多种形式及时反馈。从反馈时间上来说，对于学生的学习可以进行当下及时的反馈、每天的反馈、每周的反馈等；从反馈的方式上来说，可以口头反馈，也可以用文字反馈，还可以用身体语言，如体态和表情反馈等。

（2）对学生多进行激励反馈。反馈可以分为正反馈和负反馈。正反馈指的是那些对于原始事件有促进或加强作用的行为，而负反馈指的是那些对于原始事件有阻碍或抑制作用的行为。一般来说，教师对学生的表扬和鼓励都属于正反馈，而批评和训斥则属于负反馈。虽然说“忠言逆耳利于行”，但是学生，尤其是低年级学生，他们心理发育极不完善，批评性的言语很多时候会使他们产生挫败感，自尊水平下降，自我需要得不到满足，有时候还会激起逆反心理。因此，对学生进行的反馈，应以正反馈为主。

例如：有一位教师上《蝙蝠与雷达》一课，讲蝙蝠是靠嘴巴和耳朵探路寻物时，一名学生忽然举手提问：“老师，蝙蝠的眼睛有什么作用?”教师突然被打断很不悦，而这个问题他也不懂，为了不失面子使课堂继续下去，他说道：“别开小差，这节课主要是学习蝙蝠的嘴巴和耳朵，你不要想其他的。”学生被教师批评一通后，很不开心，后半节课就失去了兴致。可见批评、责备的言语会伤害学生的自尊心和兴趣。当教师课堂上遇到类似的问题时，可以说：“你提的这个问题很有价值，老师也不清楚蝙蝠眼睛的作用，这个问题就作为我们大家的课后作业，回去后收集资料，明天我们一起来探讨解答，看哪位同学可以成为我们班的‘百科大王’。”这样说，不但照顾了该生的情绪反应，也激起了全班学生的兴趣，易使师生之间建立良好的互动关系。①

（3）反馈要具体、详细，有针对性。有些教师在课堂上对学生的行为经常用“不错”“很好”“你很聪明”等千篇一律的反馈，长此以往，会使得学生对教师的评价、反馈变得麻木，他们会认为，既然教师已经说很好了，那就证明自己已经回答得很全面、学得很到位了，没有必要再去斟酌了；同时，这种笼统的评价会让学生不清楚自己到底哪里做得好、哪里还有待改进，长期得不到指点，将使学生的学习兴趣降低。

因此，教师对学生学习的反馈应该要具体、详细，让学生感觉到肯定和赞赏，也能认识到自己的不足，进而改正。

（4）引导学生进行自我反馈。教师的反馈很重要，但学生对自身学习情况的自我反馈同样重要，教师要能引导学生学会进行自我反馈，让学生发自内心地认识到自己的优点和不足，从而及时调整自己的学习方法，有效地促进学习效果的提升。

二、酝酿效应——重视顿悟的作用

酝酿效应，也称为直觉思维，指的是，当我们面对某个问题百思而不得其解时，可以暂时搁置一段时间，某一天就会灵光一现找到解决方法。就像是“山重水复疑无路，柳暗花明又一村”所描述的感觉。

【效应描述】

酝酿效应的最经典案例就是阿基米德发现浮力原理。

公元前245年，赫农王为了庆祝月亮节，让金匠打造了一顶纯金的王冠。王冠做好之后，称重结果显示，和之前给工匠的金子是一样重的，但是赫农王依旧疑心重重，怀疑工匠在王冠中掺了假。为了验证这件事情，国王找来了阿基米德，要求他在不破坏王冠的情况下，调查清楚这件事情。

阿基米德想了很多办法，但都不能做出判断。

直到有一天，阿基米德在洗澡时注意到，自己的胳膊浮出了水面，他脑

① 林小燕.“反馈效应”在课堂教学中的应用.中小学心理健康教育，2015（24）

海中模模糊糊闪过想法，于是他又把胳膊放进水里，全身放松，这个时候，胳膊又浮出了水面。而且当他从浴盆中站起来的时候，浴盆里的水位下降了，他感觉到自己变重了，当他再坐下去的时候，尤其是躺在浴盆里的时候，水位又上升了，他感觉到自己变轻了。

他感觉到，应该是水对身体产生了向上的浮力才感觉自己变轻了。

为了更好地进行验证，他找来了同样大小的石块和木块，将它们同时放在了浴盆里。结果发现，石块沉在了盆底，而木块则浮在了水面上，他必须用手按着，才能让木块浸泡在水里。

由此他得出结论，水对物体产生的浮力，与物体的体积有关，而不是重量。同时，物体在水中感觉有多重，应该与密度有关。

阿基米德终于找到了解决问题的办法：如果王冠里面掺了其他金属，那么密度肯定会不一样。在重量相等的情况下，王冠的体积与金块是不同的，将它们同样放进水里，比较排出的水量多少，就能判断王冠有没有掺假。

这就是阿基米德发现的浮力原理，即液体对物体的浮力等于物体所排开液体的重力大小。

在阿基米德解决问题的过程中，我们会发现，当他紧紧盯着这一事情时，并未取得进展；而是当他休息下来，暂时不去管这个事时，却找到了解决的办法。这一现象所展现的就是酝酿效应。

心理学家认为，在酝酿的过程中，其实这个问题仍然在潜意识层面进行推理，当人们放松下来时，消除了之前的紧张心理，情绪放松，思维处于创造性和发散性的状态，从而能突然找到答案。

【教学应用】

《倔强的小红军》描写陈赓同志终于被小红军说服，骑马朝前走。可当他想到了那些打过交道的穷孩子时，突然意识到自己受骗了。这是为什么呢？大部分学生答不上来（思维出现障碍），甚至有的说，因为那些穷孩子骗过他（这种思维偏离方向）。显然，在学生认识事物、分析现象的过程中，由于环节之间距离太大而出现思维障碍。这时教师应及时增加环节，补充前提为畅通思维搭桥铺路。可以这样做：①弄清背景，穷孩子为什么参加革命？②缩短距离，讲述一两个穷孩子参加革命不怕苦不怕死的小故事，问，穷孩子身上都有什么精神？③寻找联系，小红军跟这些穷孩子有什么相似之处？通过设置这样几个“梅花桩”，学生的思维一下子连接起来，障碍得以突破，偏离方向的思维得以拨正，继续沿着目标正常运行。[①]

【应用分析】

酝酿效应中所提到的顿悟，有时候并不是那么容易获得的。作为教师，要能够通过各种手段去点拨学生，让学生增加顿悟的机会，通过顿悟，去更有效地进行学习。案例中的这位教师，在课堂教学中，就通过铺垫和循序渐进的引导，帮助学生在思维层面进行了铺垫，从而让他们有了顿悟的机会和解决难题的通道。

那么，教师要在什么时候对学生进行点拨呢？要知道，如果点拨的时机不恰当，反而会干扰学生的思维运转，根本无法达成让学生恍然大悟、启迪智慧的效果。

一般来说，教师选择的点拨时机，应该是在这些关键的节点：新旧知识的联结处、学习新知识的关键处、学生的疑惑之处、学生的争议之处、思维受阻之处、思维定式受干扰之处。

教师选择好关键节点，再运用巧妙的点拨艺术，就能将学生的思维导向深入，促进学生产生顿悟。

(1) 揭示矛盾，引发学生思索。教学中一般存在着“知”与“不知”、知得“深”与“不深”的矛盾。当学生处在“不知”或知得“不深”的状态时，很多时候会出现思维障碍，教师就要能巧妙地抓住矛盾的症结所在，揭示其中的奥妙，让他们围绕矛盾进行定向思维，从而找到解决矛盾的方法。

如教学《麻雀》第三自然段，开头写道：“风猛烈地摇撼着路旁的梧桐树。”学生一般只认识到这一句在写什么，而没有注意为什么写，注意力更多地放在了后面写小麻雀样子的语句上。这里就存在一个知得“深”与“不深”的矛盾。教师质疑：“为什么要写风？不写可以吗？”这一提问立即将学生的注意力集中到这一句上，学生迅速地开动思维机器去主动寻找答案，思维非常活跃。有的说，从“猛烈”和“摇撼”可以看出风很大。正因为风大，小麻雀才会从巢里掉下来。这一答案找到了事情的因果关系。有的说，

① 徐小红.教师点拨艺术例谈.赢未来.2017（6）

猎狗鼻子虽然很灵敏，可它能嗅到麻雀的气味，发现小麻雀，风肯定也帮了忙。这一答案注意了文章的前后联系。有的说，风吹树摇，这一景象衬托了小麻雀的弱小和可怜的样子。这一答案从写作技巧来分析，认识更进一层。这些答案比仅仅知道这句在写风大风猛的认识要深得多。①

（2）铺路搭桥，引导学生由浅入深地学习。当学习的两个环节之间相距太远或者问题跳跃性太大时，学生常会出现思维障碍。正如上面案例中所描述的，教师要能够帮助学生补充其中的环节，完备解决问题所必需的前提，帮学生搭好过渡的“桥”。

（3）创设情境，激发学生的代入感，引起共鸣。有些时候，学生面对的学习问题，与自己的经验相距甚远，对于问题中所描述的一些问题，学生难以了解，从而出现思维上的停滞。教师要能够运用情境再现、环境渲染等方法，让学生更好地了解问题本身，从而保证思维过程的流畅性。

此外，教师要能够运用简洁、精练的语言去点拨，而不是将点拨又变成讲解，同时要在点拨完后，及时注意信息的反馈，看点拨是否有效，是否已经引导学生走出了思维障碍的泥潭，如果没有效果，则要思考用什么策略去弥补，去引导。

三、21 天效应——习惯养成的时间

21 天效应，在行为心理学中，是指一个人的新习惯的养成或者信念的形成，至少需要 21 天。当一个人的动作或想法重复 21 天之后，就会变成一个习惯性的动作或想法。

【效应描述】

21 天效应的说法，来源于医学界。一位整形医学专家马尔茨博士在临床医学的研究中发现，对于大部分的截肢患者而言，进行手术之后的 21 天中，他们还无法适应自己已经失去了身体的一部分，仍然会“感觉”它依然“存在”。过了 21 天之后，他们就逐渐习惯了截肢之后的身体状态，不会再去无意识地“使用”被截掉的身体部位了。

这一医学发现被人们用大量现实事例进行了验证，推广到了各个领域，形

① 毛卫英.引领学生越过语文学习障碍点拨妙招.教育界·上旬.2015（7）

成了 21 天效应。人们普遍认为，用 21 天的时间，可以打破或形成一种习惯。

根据研究，人们将这一习惯的形成阶段，分为三部分。

第一部分是 1~7 天，这一阶段中，人们会表现得刻意、不自然，需要特意提醒自己进行控制。

第二部分是 8~21 天，这一阶段中，人们会表现得刻意、自然，但不可大意，仍然需要用意识去控制。

第三部分是 22~90 天，这一阶段中，人们会表现得不经意、自然，已经进入了习惯的稳定期，新习惯已经成为生活中的一部分，不需要用意识去控制了。

【教学应用】

从教语文将近 20 年，我深切感受到：预习是课堂的“前奏曲”，它直接影响着课堂教学质量，影响着学生的发展。因此，培养学生良好的预习习惯是非常必要的，也是学生终身发展的需要。踏踏实实预习了才知道学习的难点、重点是什么，不懂的地方在哪里，做到心中有数，听讲才能主动，才能容易与教师产生共鸣，配合默契，积极主动地学习并达到一定的效果。

培养学生的自学能力，就是要让学生学会“站在书上看书”，首先要学会对书圈、点、批、注，把看书的感想、想到的问题批、注在书上。学生自己预习的内容可以让他们用蓝笔。教师讲课时的重点可以用红笔圈注。这样下来每个学生的书就是一本集参考、笔记和各种知识在内的全面资料书了。其实这样也可以避免学生对接受新的知识心中没数，避免他们紧张地“奔命”于教师设计的思维轨道中。这样一种心理不但影响对新知识的理解和接受，而且更不易积极思维，求疑思疑。这样，就一步不备，处处被动。久而久之，就会对学习语文失去兴趣，甚至产生畏惧心理，严重影响成绩的提高和能力的培养。所以给学生布置预习时首先要明确目的，因为学生刚开始一般都不会预习，这时我们应给学生划定预习的范围，如一篇课文可以让他们从字词(也就是找生字生词入手)，然后是文学常识、理解课文句子等。这些基础预习完，可以先给他们布置预习题，帮他们慢慢入门，帮助学生找到重点、难点，以后逐步给学生布置预习提纲。预习时教师还可提醒学生充分利用每篇课文前面的阅读提示，从中找出课文的主题，写法及语言特色，为解读课文寻求指导性意见。形成习惯后就可以不用布置预习题了，上课时可以用我们自己设计的问题模式，学生也可以补充一些自己预习的内容，这样课堂容量就大多了。时间长了自然就形成一定的模式，预习上了轨道之后学生学习也轻松了。当然在其过程中还要鼓励学生质疑问难，查阅多种资料。有的教师可能认为学生按参考资料预习，答案自然有了，其实不然。我觉得学生有资料可查就像教师备课，并不是限制学生思维，而是博采众长，能学到更多的东西。尤其是上课时鼓励学生大胆质疑，并把弄不懂的问题记下来，这样会起到事半功倍的效果。

为了督促学生养成好的预习习惯，我都将课前预习作为学生的家庭业来完成，以促进学生重视预习。同时我经常向学生讲述预习的重要性。并把对学生课前预习的检查纳入语文学科的评价机制，学生一定会像重视考试一样重视课前预习。第一天下午布置学生次日要掌握的知识点，具体做法是让科代表每天早自习检查。我们班规定是每早自习集中预习交流，检查时也按布置预习时的要求检查，好、中、差按三个等级记入班级量化。刚开始时科代表不怎么会检查，我就检查几次，并做认真批改，孩子们只要看到预习单上有一颗鲜艳的五角星，就会乐开花。然后让课代表按我的标准打分，学生也很快适应了这种形式。这样不仅减少了我们的负担也督促了学生学习。现在我们班级的学生每天课前预习基本不用布置他们也能自觉完成。对没有做课前预习的学生可以要求其以课后作业的形式完成，同样给予一定的评价分，这样做可以促使学生认真听课，提高课堂学习效率，同样可达到学好语文的目的。更重要的是，久而久之，能帮助他们养成良好的预习习惯，形成自主学习的能力。我想如果能做到持之以恒的话，每个学生的语文成绩都会有所提高的。①

【应用分析】

21 天效应在教育学中具有重要的意义，尤其是在学生行为习惯方面。正如案例中这位教师提到的，如何让学生养成课前预习的习惯呢？他先是指导学生如何有效地进行课前预习，然而又从规则和机制方面，让学生逐渐去养成这一习惯。

这些良好的学习习惯的养成或坏的学习习惯的改正，都有助于提升学生的学习能力，进而实现学习效果的提升。行为研究表明，一个人一天之中的

---

① 王艳梅.语文课前预习习惯的培养案例［Z］

行为，大约有5%是非理念行为，属于非习惯性的；而剩下的95%都是受理念支配的行为，都是习惯性的。因而，培养好的学习习惯，是学生学习成功的重要力量所在。

要想改变一个人的理念和习惯，是一项长期的工作。教师首先要相信，学生的学习习惯，是可以培养或改正的，要对此有信心，要耐心，不间断地长期坚持，从而才能慢慢地让学生了解好习惯带来的好处。并且，教师要一步一步逐步地调整学生的习惯，不要指望短时间就能全部改变，保持要求简单的几条，从而让学生更容易去坚持。

主题3　提升记忆效果的心理效应

培根说："一切知识的获得都是记忆。记忆是一切智力活动的基础。"古往今来很多杰出人物都是头脑清晰、记忆超群的人。一个人的记忆力不好，他的学习和生活就会被局限在一个范围内，知识贫乏、头脑空空，很难有真正大的进步和发展。因而，教师通过多种手段，引导学生逐渐提升记忆效果，是学生学习取得进步的重要方法。

一、艾宾浩斯遗忘曲线——复习很重要

遗忘曲线是德国心理学家艾宾浩斯提出的，这一理论描述了人类大脑对于新事物遗忘的规律，对人们的认知记忆研究产生了重大的影响。

【效应描述】

艾宾浩斯对遗忘现象通过了大量的、系统的研究，他发现，遗忘是从学

习之后就立即开始的，而且遗忘过程是不均匀的。在刚学习完之后，遗忘的速度最快，之后会逐渐减慢，从而，他认为："保持和遗忘是时间的函数。"为了更确切地描述这一函数关系，他采用一些由若干音节字母组成、能够被读出来，但是没有意义的音节来作为记忆材料，并记录它们保持和遗忘的数量，最后再用数学的方式来展现这些数量关系。他用横坐标表示时间，纵坐标表示记忆的保持量，绘制出了一条曲线，这就是艾宾浩斯遗忘曲线。

通过这条曲线，我们会发现：

（1）新学习到的知识，如果不抓紧复习，在一天后就只记得 25%，而随着时间推移，遗忘的速度就逐渐变慢了。

（2）通过对这一规律的研究，我们得出了卓有成效的记忆法。对于一个新学习的内容，在当下记住之后，5 分钟后重复一遍，30 分钟后再重复一遍，1 小时后、12 小时后、1 天后、2 天后、4 天后、7 天后、15 天后都分别重复一遍，就会记得很牢。对此，有人进行过专门的实验，他随机选择了两组学生来背诵一段课文，要求甲组学生在学习完成后不进行复习，一天后检查背诵，记忆率为 36%，一周后又检查背诵，记忆率只有 13%。而乙组学生则被要求按照记忆规律进行复习，一天后检查背诵，记忆率为 98%，一周后又检查背诵，记忆率为 86%，远远要高于甲组。

（3）遗忘不仅受时间影响，也受到其他因素的制约，那些没有重要意义的、自身不感兴趣的、不需要的、不熟悉的资料，总是被遗忘得更早。

（4）在学习过程中，对某项内容能一次性完全正确背诵后仍然继续学习，就叫作过度学习。研究表明，适当的过度学习，能使这项内容记得更牢，但这是有一个限度的，不能超过 50% 的原有学习时间，否则其保持效果将不再增加。比如说，花费一个小时恰好能背诵一篇课文，则再背诵半个小时效果最好，再学习的时间长了会适得其反。

【教学应用】

在进行第一轮复习时，我要求学生做到"课前预习"和"课后复习"。比如，我今天的教学安排是复习生物必修三第 1 章第 1 节《细胞生活的环境》，那么，在我上课前，学生应该要把这一节书的教材内容看一遍；而在上完课后的当天，学生也要安排时间再把这一节的教材内容看一遍。按照我们第一轮复习的教学计划，一般来说，每两周进行一次单元测验。在测验前，我布置的作业就包括把这两周内复习的教材内容再看一遍。而在学校安排的每月一次的月考前，我又布置再看一次……

在“课前预习”“课后复习”和每两周一次的测验前，我要求学生详细地看书，如果学生能按照要求做的话，到测验前，学生已把教材细细地看了三遍了，对书本的知识应该有了比较牢固的记忆。而月考或中段考等较大型的考试前，考虑到试题涉及的教材内容的范围较大，学生各科的学习任务也很重，这时若仍然要求学生详细地看书，也是不实际的，但是学生还是应该进行全面的复习，教材的内容仍然是复习的重点，这时，我要求学生这样复习：翻开书本，对照每一节的“本节聚焦”，自己复述课本相关内容，例如在《细胞生活的环境》中，复述“本节聚焦”：什么是内环境？内环境具有哪些理化特性？人体细胞如何与外界环境进行物质交换？若在复述过程中，遇到模糊、不确定的地方，则应马上与教材的叙述核对。当一章书的所以小节都复习完毕后，自己先回忆一下整章书主要讲了什么，然后对照书本“本章小结”细细地看。而当整本书的所有章节都复习完毕后，可以翻开目录，逐一按次序回忆内容，在每章过关的基础上，全书过关就问题不大了。如果没有时间，可以挑选那些重要的或自己薄弱的内容先进行复习。

这样，复习进程越往后，前面已复习的内容被重复复习的次数就越多，逐渐由短期记忆形成长期记忆，甚至永久记忆，而不会出现“学了后面，忘了前面”的现象。①

【应用分析】

正如案例中这位教师一样，大多数教师在引导学生进行巩固旧知识的复习中，都会用到遗忘曲线揭示的内涵，会要求学生在一定时间段上重复复习，从而增强记忆效果。那么，具体地，教师可以采取哪些方法，帮助学生提升记忆效果呢？

（1）引导学生以理解记忆为突破。学习内容是否有意义、能理解，对于遗忘速度是有影响的。当学生深刻理解了所学的某项内容，了解清楚这一内容的前因后果、各个知识点之间的联系之后，将会延缓遗忘速度。因而，教

---

① 案例来源：合理应用记忆规律，有效提高复习效率.周婉珊

师要能引导学生对知识进行理解性记忆，让学生多思考，真正深度地掌握这些内容，而不是只停留在模糊的认知层次上去死记硬背。

（2）引导学生学会运用试尝回忆。所谓试尝回忆，是指在大脑中将所学过的知识回想一遍。相关研究证明，在复习过程中，与其花全部时间去看书、做题，不如只花部分时间去做这些，而留下一些时间来进行试尝回忆，它的效果要远远好于单纯的反复识记。

（3）注重联想回忆和整体记忆。艾宾浩斯的记忆研究结果表明，骨架支柱性的内容不容易遗忘，而细微独立的内容则比较容易被忘记。因此，教师要能引导学生，从宏观上把握所学知识的框架、结构。将内容相似、相反或者有因果关系的材料都联想起来，使这些材料成为一个有机的整体，从而可以从一个概念想到另一个概念，从一个知识点想到另一个知识点，把所学知识系统化，有利于提高综合解题能力，提高学习效果。

（4）注意处理好讲与练的关系。遗忘规律的研究还揭示了一个道理，在实际工作和生活中经常运用到的知识、记忆是最为深刻的。知识用的次数越多，在大脑中留下的印记就越深刻，记忆的抽象信息符号和对应的实践之间会产生紧密联系的第二信号系统的条件反射，记忆信息便比较容易被提取出来。因而，教师要能够帮助学生协调好讲与练、学与练的联系，在解决实际问题的过程中更好地理解知识，从而才能更加深知识的记忆。

（5）要注意多次复习，形成长期记忆。教师不仅要自己遵循记忆规律，合理安排学生的复习计划，也要将这一规律传授给学生，让他们在自主复习和记忆时，也能有效运用起来，进行反复的记忆和复习，从而形成长期记忆。

二、“7±2”法则——组块短时记忆法

“7±2”法则揭示了一个神奇的记忆容量规律，人的大脑短时记忆的容量大约为“7”，并在7+2与7−2之间波动。

【效应描述】

19 世纪中叶，爱尔兰哲学家汉米尔顿通过实验发现，当把一把子弹撒在地上时，人们很难一下子看到超过 7 颗，这是最早的发现。

1887 年，一位科学家在实验中发现，在一组无序的数字中，人们能够瞬时记住的最大容量是 7。

艾宾浩斯的研究也发现，人们阅读一些无序的字母时，一般一次可以记住大约 7 个。

这个神秘的数字“7”引起了无数心理学家的研究兴趣，从 20 世纪 50 年代起，他们用字母、音节等不同的学习材料进行了无数次类似的实验，所得结果完全一致：人的大脑短时记忆的容量就是“7”，而且会在 7+2 与 7-2 之间波动。

这一法则运用到教育学上，就告诉我们，教给学生的知识，每次都教 7 个左右就可以了，如果教得太多，会超过他们记忆容量的范围，导致记忆效果减弱。

那么，“7”该怎么定义呢？是单独的 7 个字母或是 7 个音节吗？

并不是，我们将“7”定义为“7 个组块”。组块是短时记忆的信息单位，有时候，一个字母可以是一个组块，多个字母组成的字词也是组块，具有非常大的弹性，可以根据实际情况进行界定。比如说，英文单词“c-o-o-p-e-r-a-t-i-o-n”，虽然包含有 11 个字母，但是非常好记，这违反了 7±2 法则吗？并没有，因为，“t-i-o-n”本身是可以被定义为一个组块的。创克（Chunk）效应、记忆组块效应也都蕴含了同样的内容，作为组块记忆的效果要更好。

【教学应用】

小明总是抱怨自己的背诵能力很差，往往一大篇诗词会越背越乱，后来不但前后左右都搞不清楚，而且会把不相干的两首诗拼凑起来，前头是唐诗，后面接宋词，简直是一团糟。

张老师班里的同学可没有小明那么苦恼，张老师的课总是妙趣横生，课后学生总是能清晰地记住并理解所有的内容，写作业也不再是苦差事。

其实这都是短时记忆的容量作为“看不见的手”来导演的好戏。小明的问题就是一下子把记忆的电力开得太足了，后果只能越背越乱。而张老师在课堂内容编排上深谙其道，他早已摸清了自己学生的先前知识，于是每堂课都保证给学生的新内容不超过 7 个。就这样，不管是学习课文还是呈现幻灯片，张老师给学生的学习任务都不超过 7 个，于是学生学得容易，学得有意义。现在想必你已经有了解决小明问题的方法，那就是短背比长背好，把长的内容切成合适的知识记忆的分量来背诵，然后再通过组合的技巧将各个段落接在一起，就可以记下一段长篇的完整内容了。

英文学习中记忆单词也一样。对于很多孩子而言，由于还没有系统地学习音标，单词就像一盘散沙，单词就是里面的一粒粒沙子，它们之间是随机的、无序的，记忆英语单词也就成了一件难事。怎么办呢？

我们都知道，很多英语单词都是由几个部分组成的，我们可以把一些单词经常出现的部分，如 tion、ing、oo、are、er、ow 等，列出来，利用空闲时间通过做游戏、对背等方法让孩子记忆下来这些字母部分。当孩子对字母模块掌握到一定程度时，他们会特别注意含有这些模块的单词，如看到“cow”就会认为只是在“ow”前面加了个“c”记起来就简单多了。久而久之，以点带面，孩子记忆的单词就会逐渐多起来。被划分为更容易记忆的几个部分后，原本复杂的英语单词就好像“变短”了，孩子记忆起来也就相对容易了。

【应用分析】

“7±2”法则对于教师指导学生提升记忆效果，具有非常明显的作用，正如案例中的这两位教师所做的，他们运用这一法则，将课堂上需要传授给学生的知识，划分为 7 个组块，利用这一心理效应，科学地提高记忆效率。

当然，教师在运用这一法则的时候，也要充分注意下面这些要素。

(1) 必须明确认识到，记忆是逐步来的，不要指望学生一下子就变成天才。虽然每一个组块的单位大小都是可以自由设定的，但是基于学生的接受能力和学习水平，要适度且逐步地提高要求，不能一下子在单位组块内添加过多的内容。

(2) 组块的划分必须合理。教师在将某项需要记忆的内容进行组块划分时，要注意合理性，不能随意划分各个组块，正如在上面案例中所讲到的，在英语单词的教学中，不能将“tion”“ing”等常见的字母组合人为割裂开来，那样不合常理，生搬硬套凑“7”的做法是不可取的。

（3）学会将无序的散乱内容组合成适当的组块，以提高记忆效果。

著名的长跑运动员 S.F.给我们做了一个范例，他可以一下子记住 84 个数字！这都是因为 S.F.经过锻炼，发现了一个对他非常有效的组合数字的方法！他根据自己职业特点，注意到了很多的随机数字能被组织成不同距离的赛跑时间，于是产生了让人惊叹的神奇纪录。例如，他将数字序列 3、4、9、2、5、6、1、4、9、3、5 重新编码为 3∶49∶2，这组编码就比较接近一英里的赛跑记录；56∶14，跑 10 英里时间的时间；9∶35，这个时间跑 2 英里显得太慢了。①

这就意味着，如果我们能够找到一些好方法，将大量的信息组合成少量的组块，就能大大地增加自己的记忆广度，还可以通过一些专门的训练方法，来提高短时记忆容量。比如可以像 S.F.一样，根据信息对个人的意义进行重新编排和组织；要可以按照固定的节奏或时间来进行组织，比如说记数字的时候，3 个一组或 4 个一组。

（4）帮助学生找到适合自己的记忆方法。每个个体都是不同的，都有适合于自己的记忆方法，教师要能够引导和帮助学生找到最适合自己的记忆方法，而不是粗暴地将一些优秀学生的记忆方法强行推广给所有学生。教师引导学生提高记忆能力，将可以帮助他们减轻记忆压力，空出更多的时间和精力来进行更有意义的学习，从而变成一个更有效率的学习者。

三、培哥效应——联想编码快乐记忆

培哥效应，又称为“培哥记忆术”，是一个神奇的记忆魔法。它通过编码的形式，让记忆变得更迅速、更轻松有趣。

【效应描述】

培哥记忆术在现实生活中经常有运用的范例。

我们常在电视上看到有人在进行奇特的记忆表演。表演者自己站在舞台上，让下面的观众随意说一些词语、数字、单词等所有他们想说的字词或短语，并且按顺序将它们写下来。然后表演者就不看黑板，然后却能按照下面

① 朱彤.心理学实验背后的人性［M］.北京：中国长安出版社，2009

观众的要求，准确地讲出来其中任意一项的内容，甚至还能倒背出所有内容。

这样的表演看似神奇，实际上只不过是运用了培哥记忆术，经过训练的话，实现起来并不困难。

简单来说，就是自创一套记忆编码。

比如，（1）——帽子，（2）——眼镜，（3）——围巾，（4）——衣服，（5）——腰带，（6）——裤子……并熟练地记下来，然后通过联想与要记的材料相联结。比如要求你记住这样几个词：（1）大象，（2）打气，（3）洗澡，（4）电风扇，（5）自行车，（6）水……这样你就可以把大象与固定编码的第一号帽子联系起来，联想到大象的鼻子上戴了一顶帽子。要记住第六个“水”时，把它与裤子产生联想——水把裤子弄湿了。

通过这样的编码联想，记起来就不困难了。因为在联想时，我们有意识地把联想的事物放大，表象清晰而奇特。例如要记住第四个词——电风扇与衣服发生联想时，如果表象是电风扇吹开了衣服就很一般，但如果想象成电风扇穿了一件羽绒服，就非常奇特，这就更便于记住这一对象。

运用培哥记忆术时，编码可以有很多种模式，可以和自己感兴趣的任何内容结合起来，学生如果能有效地掌握这种方法，就会使得记忆不再枯燥单调，而是变得妙趣横生了。

【教学应用】

前段时间，我发了一篇关于中国古典乐器的微信，文中一共提到了 10 种乐器：琵琶、二胡、编钟、箫、笛子、筝、琴、(埙)、笙、鼓。

以上 10 个词中，有 9 个是我靠记忆写下来的且顺序无误，“埙”是被我忘记了，又填上的。这个记忆过程大概不会超过 3 分钟，而且是在下班前几分钟有些“不太专心”的情况下记忆的。因为需要顺序，且时间较短，所以以阿拉伯数字为序的数字编码法是最合适的。

“不太专心”是什么概念呢？就是把数字编码词和要记忆的词（即乐器）之间用想象建立了联结，但只是在脑海里简单想了编码词和乐器图片的组合，而没有想象动态的影像。结果就是，在“埙”这个词上，我忘记了，且想不起一点可供提示的联结点。

如：我的 1~10 编码词分别是：蜡烛、鹅、耳朵、帆船、五指山、树袋熊、斧子、同心结、拐杖、树洞。

数字编码记忆法——“鹅”与“二胡”的想象联结。

“鹅”与“二胡”的想象联结：鹅听二胡，湖边一架二胡无人弹奏却自能发声，一只鹅浮在水面上专心地听二胡。

当时因为快下班，只想着用个小游戏测试自己的记忆速度，所以就只在脑海里想了如右图这样的静态图片，而没有想象动态画面。所以，在“埙”这个词上，只想了同心结系在埙上的图片，却没有为同心结和埙的想象建立牢固的联结，没能让这俩词“有我就有你”。所以，才会到晚上睡前就忘记了“埙”。其实，比较理想的想象联结应该是：一对恋人将埙作为定情信物，因此在埙上系上了同心结。最重要的是，应该在脑海里像过动漫影视大片一样，一幕幕推进这个动态而撩情的画面。

想象+联结。

从我的这个小插曲中可以看出，使用数字编码记忆法记忆材料，最重要的步骤就是用想象在编码词和记忆内容之间建立联结，把二者捆在一块儿、揉成一团，即我在标题中所说的：想象和联结是数字编码记忆法的生命，想象促成联结，联结绑定数字与记忆内容，数字的顺序确定记忆内容的顺序。

丰富的想象力是快速建立编码词与记忆内容之间联结的前提。要把两个不相关的事物捆在一块儿，只依靠文字描述是不够的，就像看小说一样，阅读小说并不是为了阅读文字本身，而是通过文字描述想象情节的形象画面；同时，只有静态图片也是不够的，动态的画面能带给大脑更多刺激，并给予想象联结更多人情味。

所以，要建立联结，想象先行！

有了想象，就要考虑联结的具体方式。如同心结与埙，直接想象埙上系着的同心结在飘动可以是一幅动态的画卷，但这幅画卷因为缺少人情味，即只有孤立的物件而没有事件和情感，使得物件只是单纯的物件而没有有吸引力的内容与之相连，联结缺乏丰富性和牢固性，就会容易记忆联结中断而产生记得编码词却想不起记忆内容的情况。

而用丰富的想象在脑海里生成了动态的画面，又建立了有意义又有情感捆绑的联结，就会让编码词与记忆内容的链条对大脑和内心同时产生一定程度的冲击力（如用男女的恋情捆绑同心结与坝，还可以围绕坝想象一些故事情节），从而使记忆联结建立迅速而牢固，缩短了记忆时间，又延长了记忆的保持时长。①

【应用分析】

从案例中，我们分析发现，培哥效应的方法其实并不困难，它是符合人们记忆的模式的：当人们遇到一种事物和另一种事物类似时，经常会能够从这一事物引发对另一事物的联想。将需要记忆的这一事物与自己曾经经历过、体验过、了解过的另一事物联结起来，联想记忆，就能够达成良好的记忆效果。

具体地，我们需要注意以下几个方面。

（1）找到编码思路，设置固定编码。培哥记忆术里的固定编码有很多种，你可以按照喜好来自己设定，设定那些最容易联想到的东西作为固定编码的内容。比如我们可以采用形象转化法、谐音记忆法、意义转化法等。以记忆数字为例，比如说，设定“1”的编码为“蜡烛”，就用了形象转化法；设定“14”的编码为“钥匙”，就用了谐音转化法；设定“49”的编码为“天安门”，就用了意义转化法，因为中华人民共和国成立于1949年。

（2）进行编码联想，深化记忆。例如，要记住淝水之战发生于公元383年，就可以进行词语之间的联想，由“淝”联想到“肥胖”，由“肥胖”联想到“胖娃娃”，数字“8”字的两个圆可以联想成胖娃娃的头和身体，两个3则是胖娃娃的耳朵。这样一联想，就会发现这个内容已经记得非常牢固了。

（3）经常进行锻炼。要想真正发挥培哥效应的作用，就必须经常锻炼，多次运用。只有锻炼的次数多了，联想的内容才能越来越丰富，越来越生动、奇特，运用联想记忆的效果就会越好。任何的学习方法都不会即时生效，必须要经过长期的坚持才行。有了好的方法，快乐联想，主动去记，就会逐渐发现，记忆其实并不难。

① 案例来源：想象和联结是数字编码记忆法的生命.王夏坤

主题 4 强化知识迁移的心理效应

不同的知识之间有着密切的联系，已有知识对新学知识有着非常大的影响和作用，这就是“学习的迁移作用”，这种迁移有正迁移的积极促进作用，也有负迁移的消极干扰作用。教师要能够认识到这种联系性，采取有效的教学方法和引导手段，让学生更多地发挥正迁移的作用。

一、相关定律——任何知识之间都有关联

相关定律，也称为“普遍联系定律”，是指世界上的事情之间都有一定的相关性，没有任何一件事情是完全独立存在的。

【效应描述】

纵观历史与万物，我们会发现，这个世界上是没有孤立存在的事物，任何事物都处在纵横联系之中，整个世界是一个相互联系的统一整体。由于事物间存在普遍联系性，因而不同的事物之间可以相互作用、相互影响。一件事情的发展，往往影响到周围的众多其他事物。人们就以事物间存在普遍联系这一客观事实为依据，归纳得出了“相关定律”。

这一定律主要包含三个方面的内容。

（1）任何事物内部的各部分、要素、环节是相互联系的。著名哲学家黑格尔指出：“譬如一只手，如果从身体上割下来，名虽可叫手，实已不是手了。”构成一个事物的各个部分之间不是散乱无序的，而是相互依存、相互联系在一起的，从而这个事物才能成为一个有机的整体。

（2）任何事物都和周围的其他事物相互联系着。任何事物都不能孤立存在，都和周围的其他事物处于相互联系之中，这是该事物存在和发展的条件。

（3）整个世界是一个相互联系的统一整体。

这一定律就启示我们，要解决某个难题，不一定要专注在一个困难点上，可以从与它相关的某个地方入手去解决。当我们进行创造性思维时，思路会受到其他事物已知特性的启发，联想到和自己正在寻求的结论相似或相关的东西，从而能把两者结合起来，以此释彼，实现知识的迁移和思维的拓展。

【教学应用】

我多年从事教学工作，学到了很多，也懂得了很多。不仅有了较丰富的教学经验，而且也提高了自己的文化知识水平，对各学科的教学内容也有了一定的认识，即学科之间有着密切的联系。

其一，“生”中有“化”，生物学科里有化学知识。例如，在探究“绿叶在光下制造有机物”的实验里，涉及“二氧化碳跟水反应生成淀粉跟氧气”的化学反应和“碘遇淀粉显蓝色”的化学现象。在“发生在肺内的气体交换”这一课中用到“澄清石灰水与二氧化碳的反应”，根据是否出现浑浊现象来判断吸入气体和呼出气体中二氧化碳的含量。在“探究环境污染对生物的影响”一课中涉及“酸雨的形成及危害”“溶液的酸碱度（pH）”“温室效应”等这些化学知识，若不是专业的生物教师上课的话，不掌握一定的化学知识是很难讲清楚这些知识的。

其二，“生”中有“物”，生物学科中有物理知识。在“肺与外界的气体交换”一课中，为什么会吸气和呼气，这与肺内气压和外界大气压的大小有关。这里有关“气体压强”和“大气压”的概念以及“气体压强大小随容器体积大小变化而变化的关系”在八年级物理课程里才会学到，对于七年级学生来说很难理解。这就要求教师要掌握这些物理知识，才能给学生讲清这些知识。

其三，“化”中有“物”，化学学科中有物理知识。例如，在讲“物质的物理性质”时，出现“密度”“熔点”“沸点”等物理概念；在“水的电解”和“验证溶液的导电性”实验中用到简单电路。还有涉及“压强”的实验，如“在密闭容器里物质间发生反应时，吸热或放热、消耗或生成气体均会导致容器内气压的变化，从而引起装置中气球变大或变小”，等等。如果这些物理知识不清楚，那么这些化学问题也很难讲明白。

其四，“化”中有“数”。化学学科中有三种计算：一是有关化学式的计算，二是有关溶液的溶质质量分数的计算，三是有关化学方程式的计算。其中都会运用到数学基本运算，数学运算基本功不扎实，解决化学计算问题时，也就会遇到困难。

其五，“化”中还有“英”。学习化学知识，大家都知道其中最基本的化学用语——元素符号、化学式和化学方程式。英文字母的大小写区分和规范书写直接关系到化学用语的书写。比如，“镁”的元素符号为“Mg”，若写成“mg”或“MG”均为错误写法。而且不区分字母大小写会改变其义，如“CO”为一氧化碳，“Co”为钴。所以说英语中英文字母的正确书写是书写化学用语的基础。

其六，“物”中也有“数”。不言而喻，物理学科中也有大量的计算题。

其七，“物”中还有“化”。物理学科中也有很多化学的知识，比如燃料的燃烧、二氧化碳的灭火、霓虹灯的颜色等，其中都涉及化学物质及其性质。

再者，涉及语文知识的学科就更不用说了，几乎所有的学科都会有。比如，字词的书写、语句的理解、资料的阅读与分析等，这些都是基本的汉语言文学知识和技能。

以上是我这些年来，从事数学、化学、物理、生物等学科的教学实践中亲身所感悟到的，由于文字有限，其中只列举了一部分学科之间的联系。由此可见，各学科的知识相互交叉、相互渗透、相辅相成，有着密不可分的联系，并不是独立的。作为教师，不仅要自己掌握这种联系，更要在日常教学的过程中将这种联系逐渐渗透给学生，让学生逐渐在不同学科之间搭建属于自己的认知桥梁，从而促进各个学科相互促进发展。①

【应用分析】

联系是普遍存在的，正如案例中这位教师所提到的，各学科之间都有内在的联系，教师要能引导学生认识到这种联系的存在，帮助学生构建各学科之间的横向联系，使学生学习的知识不再是孤立的，而是内在有着紧密关联的，是能够相互贯通的。

具体地，教师要能引导学生认识到下面这些内容之间的相关性。

（1）注意同学科现阶段学习内容与前阶段已学习内容、将来即将学习的内容之间的联系。我们现在所学的很多知识都是承前启后的，不能孤立开来，

① 案例来源：浅谈学科间的联系.马艳军

要能在已有知识打下的基础上进行，前后关联、循序渐进，要对整个学科知识有系统化、体系化的认知，从而更能明确现阶段学习内容的意义和作用。

(2) 注意本学科与其他学科之间的联系。正如案例中这位教师所描述的，每一个学科都不是单独存在的，必然与其他学科之间存在着某种联系，要打通各科，相互促进。

(3) 注意课内课外的联系。我们所学的课本知识，是来源于生活的，是生活中某些具体内容的知识化、体系化表现，要能将课本知识与课外知识或生活实际联系起来，做到举一反三，避免知识的学习流于肤浅。

二、蝴蝶效应——注重小细节引发的变化

蝴蝶效应，是指在一个动力系统中，初始条件下一个微小的变化能影响事物的发展，能够带动整个系统长期的巨大的连锁反应。

【效应描述】

蝴蝶效应首先是在 1963 年美国气象学家爱德华·罗伦兹的一篇论文中提出的。

对这个效应最常见的描述是：

一只位于南美洲亚马孙河流域热带雨林中的蝴蝶，当它偶尔扇动几下翅膀时，可以引发两周后美国得克萨斯州的一场龙卷风。

为什么呢？

因为蝴蝶扇动翅膀的这一微小动作，会导致它周身的空气系统发生变化，产生微弱的气流，这些微弱的气流又会引起四周的其他空气产生相应的变化，由此形成一个连锁反应，最终导致其他系统也发生非常巨大的变化。

罗伦兹是怎样发现这一现象的呢？

起初，他制作出了一个电脑程序，用来模拟气候变化，并用图像来表现，多次实验后，他发现，最终形成的图像是混沌的，特别像一只张开翅膀的蝴蝶，从而他就将这一图像用“蝴蝶扇动翅膀”来描述。他发现，误差是会以指数形式不断增长的，一个特别小的误差会随着计算的不断推移造成结果的巨大差距。在大气运动的过程中，即使各种误差和不确定性再小，也有可能通过不断的累积而逐级放大，形成结果的不确定，从而无法长期准确地预测

天气。

后来，人们就从这一现象中归纳出了蝴蝶效应。

这一效应和下面的这首民谣有异曲同工之妙：

丢失一个钉子，坏了一只蹄铁；
坏了一只蹄铁，折了一匹战马；
折了一匹战马，伤了一位骑士；
伤了一位骑士，输了一场战斗；
输了一场战斗，亡了一个帝国。

【教学应用】

下面是小学二年级数学《认识角》的课后检测：

在最大的角下面画“√”，在最小的角下面画“×”。

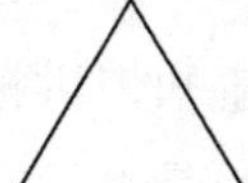

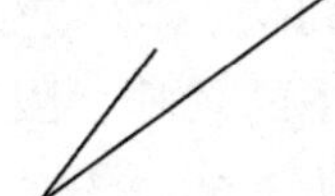

我随机抽查了一个班级10个学生的这道题的答案，其中，有4个学生认为第一个角最小。当追问学生为什么这么想时，有3个学生沉默了，不知道怎么表达，但仍然不打算改变自己的答案，而有一个学生指着图形告诉我：“因为这个比较小。”

为什么会出现这个问题呢？追根溯源，我发现问题出自教师的课堂讲解。我们来看一下教师当时是怎么讲的。

(课堂实录)

教师让学生观察教师手中的两个角（用纸条做成的教具，边的长短相同），学生发现两个角一样大。

师：你们能自己拨一拨、比一比角的大小吗？

生：要让角变大，就让张口变大；要让角变小，就让张口变小。

生：我可以通过用手指去比较角的大小。

师：可以吗？

生：不可以，因为手指会动呢，移过来就变了。

师：我们知道角的大小和什么有关呢？

生：角的大小和张口有关。

从课堂中可以看出，教师已经强调了角的大小与张口有关，但没有指出角的大小与边的关系。

于是，我去询问这个教师，为什么没有指出角的大小与边的关系。教师认为，角的两边是射线，射线是没有长度的，边的长短与角的大小无关这种说法并不准确；同时二年级是初步认识角，学生还没有认识直线和射线，很难讲清楚边的长短与角的大小的关系，索性就回避了。但带来的麻烦是，在学生的认知中，角是三角形的一部分，对于三角形，学生是熟悉的，而角与之密切相关，学生自然地把两者结合起来。同时，“张口”这一词对有些孩子是难以理解的，没有理解“张口”的孩子，依然会借助已有比较三角形大小的经验对角进行比较，当边画得很短时，图形变小了，自然会认为第一个角是最小的。①

【应用分析】

这位案例中的教师，因为自身对于知识讲授内容的一个选择，就导致了学生在认知行为上的巨大偏差，这恐怕是教师在当时所无法预料到的。这就体现了蝴蝶效应的影响。

在教育教学的过程中，教师要能多运用教育智慧，尽量发挥良性的蝴蝶效应，而警惕蝴蝶效应的负面影响。

（1）运用蝴蝶效应激发学习兴趣。教学是一个极为复杂的系统，教师的动作、话语、表情，教学方法的选择、教育媒介的运用，学生的讨论情况、参与热情等等不确定性的因素太多，都会对课堂教学的效果产生重大的影响。教师要能够从这些细小的方面进行努力，提高学生学习的兴趣和参与的热情，最终促进整体教学的质量和效果。

（2）寻找学生行为中的闪光点，赞美这些闪光点。在教育教学的过程中，每个学生都希望得到教师的肯定和鼓励，越是后进生，对肯定和鼓励的渴求越明显。有时候，教师的一句表扬，会在学生的心中刮起一阵“龙卷风”。比如教师的一句赏识“不错，你的发音很准”就可以让学生不再“羞于出口”；一句“这个句型你掌握得很好，时态变换很准”就可以让学生迷上“语法学习”。教师的欣赏可以使学生看到自己优秀的点，引发正能量，产

① 于蓉.警惕教学行为中的“蝴蝶效应”.教育科学论坛.2015（10）

生自信心，因此走向成功。而越成功，得到的“赏识”就越多，能力就越强，良性循环以后，将会成就学生的一生。本来可能对英语学习毫无兴趣的学生，最终说不定成为“翻译家”。[①]

（3）警惕蝴蝶效应的负面影响。有时候，随机而为的一个行为，可能会对学生产生非常大的、不好的影响。教师要能够在课堂教学和班级管理中，坚持正确的知识传授和好的行为引导，避免作用到学生身上而引发负面导向。

① 案例来源：“蝴蝶效应”在初中英语教学中的运用.牛建成

专题五

因人而异开展教学的心理效应

瑞士教育学家裴斯泰洛齐曾说过：教育的最终目的在于发展个人天赋的内在力量，使其经过锻炼，能人尽其才，在社会上赢得其应有的地位。每个学生的个体特征都不相同，他们的天赋能力不同，思维品质不同，教育要能针对学生的差异性，充分挖掘每一个个体的特长，才能让他们得到更好的发展。

主题 1　认识学生的认知能力差异

学生之间具有明显的个体差异，他们在成长过程中受到遗传和外界环节的相互影响，从而在身心特征上表现出了极大的不同。从认知能力的角度而言，学生在观察、注意、记忆、思维、想象等方面表现出了明显的差异。教师在教学工作中，认识到学生之间的个性品质的差异，才能够运用多种教学手段，因材施教，让每个学生都能有健康发展的环境。

一、学生的认知能力存在个体差异

古人云：人心不同，各如其面。学生之间的个体差异是客观存在的。具体而言，主要包括以下这些方面的差异。

1.年龄和认知的差异

每个人的认知能力随着年龄的增长存在着极大的差异。一般而言，年龄大一些的儿童比年龄小的反应快，而能力发展迅速的儿童，要比能力发展一般的儿童对于信息的获取、储存和操作更快、更有效。通常情况下，人的认知能力发展会在 16~19 岁达到高峰，而且人与人之间的差异会随着年龄的增大而减小。

2.智力差异

认识能力的差异在很大程度上表现在智力的差异上，整个群体的智力水平表现为：两头小、中间大。智力超常的人群和智力低下的人群占比较小，智力水平一般的人占比较大。同时，加德纳的“多元智能理论”指出，每个人都具备语言、逻辑（数学）、音乐、身体运动、空间、人际交往等八个方面的智能，这些智能不同方式和不同程度地组合，就使得个体的智能各具特色。

3.认知风格差异

不同的人，对于外界信息的感知、注意、思维和记忆等，会有不同的方式，有些人对视觉刺激敏感，有些人对听觉刺激敏感，有些人对动手实践比较敏感，这就形成了不同的知觉偏好。

4.性别差异

由于性别不同，男性和女性在言语能力、数学与推理能力、认知风格、成就动机等方面会存在着普遍的差异。如女性在言语能力，如语言理解、语言创作、言语流畅性等方面，要强于男性。而 12~13 岁以后的男性，在数学和推理方面的成就和技能会逐渐地超越女性。

二、针对个体差异进行因材施教

教师首先要能充分认识到学生之间存在的巨大个体差异，才能寻求到更加多元化、更加灵活的教学方式，对学生因材施教。

1.注意培养学生的自信心

苏霍姆林斯基说："如果儿童不仅仅知道而且体会到教师和集体对他们的优点既注意到了，又很赞赏的话，那么，他就会尽一切努力变得更好。"教师对学生因材施教，很多时候就要对学生进行及时肯定，培养他们的自信心，从而帮助他们提高学习效率。

一位数学教师是这样做的：

在进行课堂教学时，我尽可能让学生多回答问题，让他们有充分表现自己的机会，如他们回答正确，加以鼓励，如回答错了也不加以批评，而是鼓励："你再想一想。"让别人正确回答后，再让他复述一篇，同样给予他鼓励，这样既不伤害他的自尊心，又能激励他下次认真进行学习和思考。又如我在批阅学生作业时，发现学生有错误的地方，我则在错题旁边写上"这样列式对吗？""你忘了什么？"或是进行面批，当学生做对了题，我则在旁边写上评语，对学生进行鼓励。当学生在自己的作业本上看到大大的"优"，或得到简短的批注"方法好""计算巧妙"等，品尝到自己的学习成果，体会到成功的欢乐，喜悦的心情溢于言表。同时，我在引导学生在自我评价的时候，既注意让学生看到自己进步的一面，同时又找到自己的不足，努力长善救失、扬长避短。使学生能对自己的数学进行正确的评价，能增强学好数学的自信，从而提高学习的效率。①

2.教学要有层次

教师要能够根据学生的特性，对教学目标、课堂提问等进行有层次的设计，让不同层次的学生都能参与到学习中来。

教师的教学目标、课堂提问、练习设计和课后指导等，都要能够针对学生实际展开，在整体教学的基础上，提高针对性和层次性。

主题 2　因材施教的心理效应

不同的知识之间有着密切的联系，已有知识对新学知识有着非常大的影响和作用，这就是“学习的迁移作用”，这种迁移有正迁移的积极促进作用，也有负迁移的消极干扰作用。教师要能够认识到这种联系性，采取有效的教学方法和引导手段，让学生更多地发挥正迁移的作用。

一、多元智能理论——了解学生个体

多元智能理论由美国哈佛大学教育研究院的心理发展学家霍华德·加德纳提出，这一理论的提出，让他广受赞誉。

① 案例来源：怎样对学生进行因材施教.孙善平

【效应描述】

关于人类的智力怎么进行衡量，从20世纪初开始，就有不同的心理学家在进行研究。

1905年，法国心理学家比奈和T.西蒙一起创造了智力测验的方法，用来测量人的智力高低。

1916年，德国心理学家施太伦提出“智商”的概念，提出用数值来表示智力水平的高低。

1935年，美国心理学家亚历山大首次提出“非智力因素”的概念，将记忆力、注意力、观察力等智力因素之外的其他心理因素，如动机、兴趣、情感、意志、性格等都囊括其中，他认为，这些非智力因素都是直接影响和制约智力因素发展的意向性因素。

从1967年开始，美国陆续投入上亿美元，研究人脑的形象思维开发问题，取得了大量的研究成果，多元智能理论就是其中之一。

加德纳通过对大量材料的研究，如关于神童的研究、关于脑损伤患者的研究、关于有特殊技能而心智不全者的研究、关于正常儿童的研究、关于正常成人的研究等，从这些海量的资料中，加德纳总结出了自己对智力的独特观点。他认为，人的智力应该是一个量度其解题能力的一个指标，其中蕴含的七种基本智能是：语言、数理逻辑、空间、身体（运动）、音乐、人际、内省。后来又经过长期研究，补充增加了两种智能：自然探索、存在。

多元智能理论认为，这些基本智能，每一个人都拥有，只是在不同的人身上，它们以不同的方式、不同的程度组合存在，从而每个人的智力都各具特色。因此，世界上的人并没有聪明和不聪明的差别，只是在哪一方面聪明以及怎样聪明不同而已。

这一理论揭示出，每个人都会用各自的方式来发挥自身的大脑资源，这种为达到目的所发挥的各种个人才智才是真正的智力。这对教育教学有着广泛的积极影响：要求教师要能树立积极乐观的学生观，相信每个学生都是独特的、出色的；注重培养学生的创造能力；强调学生的全面发展；促进学生特殊才能的充分展示。

【教学应用】

在我任教的一（1）班，有一位叫小明的小男孩，因父母的工作单位离学校太远，便一直住在爷爷家。老人年迈，文化程度也不高，无力辅导孙子的学习。加上小明天性好动、爱玩，课堂上又不注意听讲，时常随便说话、随手涂画，考试成绩常常落在后面。下课他还经常拿着饮料瓶子追打同学，引起同学的不满。对他批评说教，效果不明显，特别是有一次，我感触很深。那是他刚入学一个多月时，学校举办运动会，我组织学生到操场观看开幕式的体操表演。小明同学不按要求站在规定的位置，总是往前挤，挡住了其他同学的视线。我便严厉地劝阻他，并勒令他站在最后边。不一会儿，就有学生报告，小明骂老师了，他说："老师真无聊。"我猛一听到这话，心里有些生气，但我很快就冷静下来了。我慢慢向他走去，看到他胆怯的目光，突然意识到自己刚才是在耍教师的权威，对他的严厉批评是带有偏见的，以为他学习成绩不好就什么也不好，所以对他也就没好气。难怪他会说"老师无聊"。表面上看这个小男孩嘴巴挺厉害，其实是我忽视了他。

从此以后，我开始关注他。他在课堂上爱说话，我便有意叫他多发言。没想到时常有精彩之处，博得同学们的阵阵掌声。特别是在一次公开课上，他声情并茂的发言和独到的见解，让我差点流下了眼泪。那次公开课的规模很大，下面坐满了听课的老师。学习的课文是《升国旗》。我努力创设情境，发挥学生的智能强项，使学生的情绪达到最佳状态。其中有一个环节是放《国歌》的音乐，学生起立敬队礼，眼睛注视图画上鲜艳的五星红旗。过后提问："听着国歌，敬着队礼，看着国旗，你是什么感觉？"同学们纷纷发言："我很高兴，我很激动，我很幸福。"小明同学却说："我想哭。"听他这么说，我一下子紧张起来了，不知他要说什么。环视了一下在座的听课老师，发现他们竟向小明同学投去惊喜的目光。我马上领悟过来，应该鼓励学生的发散性思维，允许他们有不同的看法。于是我温和地追问："你为什么会有这种感觉？"这时，我看到他的眼睛湿湿的，嘴里慢慢地说道："看着红色的国旗，我想这是革命者打仗时流的血染红的。他们牺牲了，可是我们今天过得多好呀！我好难过。"听着他稚嫩、不太通顺的话语，我的眼眶不由得湿了，这是个多么懂事的孩子呀，我差一点儿埋没了他。此后，在装入学生成长袋的“说的能力”评价反馈表上，我毫不犹豫地给小明同学打了最好成绩“优”。这个前所未有的成绩，对他而言，是“零”的突破。他和家人又高兴又激动，非常感谢老师的认可和鼓励。

【应用分析】

苏霍姆林斯基说：“学习、上课、完成作业、经常得到分数——这一切绝不应当成为用来衡量、评价一个人的唯一的、概括一切的尺度……如果在教师看来，他只是一种头脑里被填塞知识的生物，他就不会成为全面发展的人。如果一个人不能宣告自己的存在，不能在人类心灵的某一领域成为主宰者……那么，所谓的人就是不可思议的。”

看待一个学生、评价一个学生，绝不能武断，绝不能片面。令人欣慰的是，案例中的教师很快就认识到了自己的错误，并且将这个学生作为重点观察与关注的对象，从而发现了学生的闪光点。

作为教师，要能够认识到每一个学生都有成才的潜力，教师正是要挖掘这种潜力，或许是学习上的，或许是体育上的，或许是言语上的，或许是绘画上的……要从不同的角度关注学生。

作为教师，在认识到学生差异的基础上，要能够针对这些差异，采取行之有效的方法，改变固定的教学模式，通过丰富多彩的教育实践活动，让学生有机会充分展示自己的特长。同时也要能够从各个方面对学生的智能进行评价，平等地对待每一个学生，尊重每一个学生。

二、瓦拉赫效应——寻找发展最佳点

瓦拉赫效应是由诺贝尔化学奖获得者奥托·瓦拉赫的故事中得出的一个著名理论。

【效应描述】

奥托·瓦拉赫小的时候，学习很不好，他在很多方面丝毫都没有展现出任何天赋。

瓦拉赫开始读中学时，父母想让他走文学之路，结果第一学期结束之后，教师这样评价：“瓦拉赫很用功，但是过分拘泥，难以在文学上有什么建树。”

接着，父母又让他改学油画，可他的表现依然糟糕，既不会构图，也不会润色，结果在测试的时候考了全班最后一名。几次这种经历，就让大部分教师都断定，瓦拉赫实在是没什么成功的指望，不是个可造就之才。

所幸，他有一个好的化学老师。这位教师认为，瓦拉赫做事一丝不苟，非常具备做好化学实验的素质，从而建议他学习化学。这一闪光点的发现，终于一下子扭转了瓦拉赫的状态。他确实在化学方面具有非凡之姿，并且最终在化学领域取得了巨大的成功，成为诺贝尔化学奖的得主和化学界的巨人。

后来，人们就把那些看似平庸的人的优势和才能被正确挖掘后发生巨大变化的现象，称为瓦拉赫效应。

这一效应运用到教育中，就说明了学生的智能发展是不均衡的，如果能够找到他们智慧的最佳点，使智能得到充分的发挥，他们就可以取得惊人的成绩。

【教学应用】

2007 年 8 月，我担任高一英语老师，兼任班主任。班上来了一位借读生，他的中考成绩为 402 分，包括体育 30 分。我校当时的最低录取分数线为 496 分。他比最高分要低 100 多分。

我当时对他的成绩没有太大的把握。但我还是一视同仁，没因为成绩差而忽视他。

该生到了班级以后，我发现他学习积极性不高，上课经常走神，甚至因为听不懂在课上睡着了。考试下来经常二三十分，甚至是个位数。很多老师都感到无望了。

这时，我想到了一句话：不抛弃，不放弃。如果这时我们放弃他，就意味着这个学生失败了，更是我们教育失败了。所以不到最后，绝不言败。于是我决定多与他交流，尽快走进他的内心。只有这样才能了解他的长处，从而挖掘他的优势智能。

在一次交流过程中，他告诉我他小学学过绘画，不过有一段时间没有画了。这时突然有个念头在我头脑闪过，这会不会就是他的优势智能呢？于是我让他第二天拿一幅他认为最好的画给我看。第二天，他兴冲冲地拿到办公室给我看。我看看画，再看看他，看到他期盼肯定的眼神，我假装感叹地说："啊呀，这是你画的吗？画得这么好?!"他急忙争辩："是我画的！是我画的！”我忙说：“我知道是你画的，只是没想到你画得这么好！好样的！你在绘画上很有天赋！”事后，我赶忙把画拿给专业绘画老师。绘画老师说：“画虽然稚嫩了点，但是还是有一定功底的。我想如果再受到正规系统的训练，肯定会出成绩的。”

我赶忙把绘画老师的话转告他。他的眼睛发光了，我的眼睛湿润了。这时我对他说：“孩子，既然你在绘画上很有天赋，何不在这方面多努力呢？”他接受了我的建议。从此他在美术上的智慧之火被点燃了。当然我也对他提出文化课学习的要求，因为他当时的成绩与录取分数相差很大。

自从决定报考美术学院以后，他信心有了较大提高。上课也比较认真，文化成绩也有了一定的提高。然而在离开高考还有 14 天时，他在一次历史考试中只考了 34 分。这下我紧张了，如果高考也是这样，那文化总分肯定不达标了。于是我和他说：“你一定要调整策略了，文科这时需要更多的时间记，你这时多花点时间在历史上，重点突破基础知识，十多天的时间可以提高很多分数的。”与此同时，我和他家长联系，反映他的学习情况，建议立即找老师单独辅导。他们接受了我的建议；结果该生在高考中历史考了 67 分，进步了 30 多分。他在专业考试中考了全校第三名的好成绩。被上海师范大学美术专业录取。

【应用分析】

如果用传统的方法进行评价，案例中的这位学生无疑是个后进生，但是当教师开始用多元智能理论进行评价的时候，就发现了他的闪光点——绘画，从而引导他走出了一条具有个人特色的学习之路。教师成功挖掘出了他的闪光点，也创造了条件，让他的潜能得到了最大限度的发挥。

作为教师，就要能够积极帮助学生寻找智能发展的“最佳点”，促进学生的全面发展。

（1）主导发挥学生主体性。传统教学中，教师很多时候处于教和管的主体地位，学生则处于学和服从的被动地位，这种不平等性就使得学生关系比较紧张，更谈不上去让学生去发展自己的智慧和潜能。教师改变思想和做法，充分发挥学生的主体性，就能引导学生自主学习、自主探究，从而更好地发现自己的优势智能。

（2）设计学生活动的舞台。教师要能根据现实情况和学生特点设计各种形式的活动，如辩论、演讲、手抄报比赛、普通话比赛、社会调查、社会实践等，为学生提供展示特长和发挥个性的场所。在这些活动中，学生可以很好地找到自己的位置，发挥自己所长，更容易让每个学生找个自己的“最佳点”。

（3）充分优化教学方法。教师教学要以学生的个性品质为依据，激发学生参与的动机，让他们的潜能在其中得到更好的发挥，同时引导学生选择更适合自身的学习方法，提高学习效率。

主题 3 尖子生引领的心理效应

一、拱道效应——优生成就名师

拱道效应，来源于管理心理学，是指人们经过“拱道”进而产生积极心理反应的现象。

【效应描述】

拱道效应的说法，源自英国心理学家德·波诺的《思维的训练》一书。

他指出，学校就像一个拱道一样，名牌学校会产生积极的拱道效应：一批优秀人物走进拱道，从拱道里就会冒出一批优秀人物。

虽然从表面上看，拱道并没有发挥什么实际作用，这些优秀的人物，并不是因为名牌学校的教育出色而造成的，而是学校的品牌就招收了最好的生源。

当然，拱道效应并不能在教育的成功中起决定作用，但是肯定也会起到非常积极的作用，为什么会出现这种效应呢？

首先，是因为学校的声誉在发挥作用。名牌学校的教师、学生，都拥有自豪感，他们的自尊需要得到了满足，学习、做事就更是干劲十足，在非常积极、快乐的环境中学习，学习动机也更为自觉、主动。这种气氛下，拱道效应就十分明显。而如果学校本身风气不好、教学质量不佳，教师、家长和学生都对学生抱有“一般”“就这样”的心理，就会使整体的精神风貌变差，无法形成积极向上的学风，只能起着消极的拱道效应。

其次，是学校中的优生在发挥作用。很多时候，名牌学校招收的学生，以优秀学生居多，这一点和普通学校相比有很大的差距，优秀学生在拱道的影响下，产生了自我激励作用，从而有积极的拱道效应出现。

再次，“近朱者赤，近墨者黑”，在名牌学校中，也有“差”生，但是在优秀学生的常年感染和榜样作用下，在积极学风的渲染下，学习积极性提高，努力学习的行为增强，从而也会有进步。

【教学应用】

嫉妒是一种常见的情感体验，西方人将嫉妒称为心灵的毒瘤，又称其为“绿眼怪兽”。这个“绿眼怪兽”当前正吞噬着不少“优生”的心灵，使他们内心里弥漫着焦虑、猜疑、恐惧、悲哀、消沉、怨恨、敌意等不健康的情绪。他们竞争心切，总想比别人强一截、高一头。为了巩固自己的优势地位，总想以抑制他人来发展自己，自己有好资料不愿借给别人，别人有好资料又想千方百计地搞到手。他们一发现某个学生超过了自己，受到教师青睐，就挖苦讽刺人家，甚至笼络一批人去围攻人家，直到把对手从心理上搞垮，使之学习成绩下降才肯罢休。当看到别人失败时，幸灾乐祸，冷嘲热讽，毫无同情心，毫无友爱之意。为了保住自己在班级中一枝独秀的地位，个别“优生”甚至故意在安静的自修课发出各种各样的声音或者做出些异乎寻常的小动作，用来制造他并不用功的假象，以此来误导其他同学，而在别人休息、娱乐的休闲时间，他却置身于一个安静的角落，高效率地看书。诸如此类，不一而足。这种“优生”是一个班集体中的害群之马，他们心理阴暗，行为诡秘。教师很难抓住把柄，面对面地批评他们。

如何做好他们的转化工作？

我的做法是：第一，利用班会课甚至课前课后可利用的点滴时间，不失时机地对学生进行伦理道德教育，使他们懂得尊重他人、关心他人是做人的基本原则，是中华民族的传统美德；帮助学生学点辩证法，使学生充分认识“尺有所短，寸有所长”和“山外有山”等道理，从而发现他人的长处，觉察自己的缺点；倡导公开、公平竞争，启发学生只有承认别人的长处，欢迎别人超过自己，虚心向所有比自己高明的人学习，才能取长补短，共同提高，以此来营造一种既竞争又合作的良好氛围。第二，在良好班风初步形成的基础上，借班会课时间有针对性而又不点名地批评班级中存在的这种现象，同时借读报课时间找一些团结协作共同奋战的名人事迹或有典型事例的书报文章，有意识地让好胜嫉妒的“优生”读给大家听，这样既教育了大家，又重点教育了好胜嫉妒的“优生”。这种含蓄委婉的批评使他心里明白老师的用意，又保全了他的面子，比个别性的直言批评效果好多了。[①]

【应用分析】

尖子生指什么呢？在我看来，只能是指成绩拔尖的学生。

而优生呢？则是指品学兼优的学生，在品德、学习和各方面的能力都要优于同龄人。

作为教师，就要能够引导尖子生逐渐都成长为优生，才能更好地发挥他们的引领和榜样作用，真正成为全班学生学习和追赶的目标，否则，一个品德不够优秀的学生，是很难让别人心服口服的。

案例中的教师，就真正地认识到了这一点。他意识到这些尖子生非但不能成为全班同学学习的榜样，反而会因为一些负面情绪的影响，导致整个班级学习氛围和人际关系的恶化。教师在正确认识“优生”之后，就采取了积极有效的教育措施，并取得了不错的效果。

对于这些尖子生，教师要能有足够的认识，了解他们的特性，从而更有效地引导这个群体在班级中发挥更为积极的作用。

一般而言，尖子生普遍具有下列行为特征。

自我控制的能力比较强，一般没有重大的违纪现象；求知欲旺盛，知识

① 黄飞宙.巧用语言策略让优生更优［J］.新课程研究·下旬刊.2009（10）

接受能力强；学习态度端正，学习方法科学；大部分担任学生干部；智力状况良好，课内学习轻松，容易自满、不求上进；成绩长期名列前茅，比较自傲自负，容易产生虚荣心；在升学压力下，有的会产生嫉妒、钩心斗角的狭隘情绪和不正当竞争；从小在顺境的时候多，对挫折的承受能力差。

教师充分认识到这批学生的特点，不"一好遮百丑"，不夸大他们成绩的优点而忽视其他方面的缺陷，才能够真正让这些学生发挥对全班学生的引领作用，将来真正成为有用的人。

教师在正确认识的基础上，要能够引导他们树立更高的志向，让他们将自己放在一个更广阔的历史空间和时代背景中去认识自己的使命，从而树立高远的志向；要能够帮助他们更好地认识自己，从综合素质的方面进一步充实自己，去除那些影响他们发挥才华的障碍，从而使这些学生更有可能成为真正的高素质人才；要激励他们超越自我，要对这些具有出类拔萃潜质的学生提出"追求卓越"的希望，尽可能地让他们在各个方面多实践，从而发现并发展自己以前没有意识到的潜质，让他们从一次次的挑战困难中，体验到"人生的乐趣与辉煌正是从战胜自我到超越自我"；要能够训练他们的受挫心理，引导他们学会坦然地面对人生路上的失败、挫折和各种意想不到的打击。

二、权威效应——为他人做出表率

权威效应，也称为权威暗示效应，是指一个地位高、有威信、受人敬重的人，他说的话语和做的事情就容易引起别人的重视和信任，即"人微言轻，人贵言重"。

【效应描述】

关于权威效应，有一个很著名的实验。

美国的心理学家在某大学心理学系的一节课堂上进行了实验。他向学生介绍了一位德语教师，说他是从外校请来的著名的"化学家"。

这位"化学家"，郑重其事地拿出一个装着蒸馏水的瓶子，并且对学生们说，这是他新发现的一种化学物质，会散发出一些气味。他将瓶子传给学生们去闻，要求闻到气味的学生就把手举起来，最后统计发现，有大多数的学生都举起了手。

一个本来没有味道的“蒸馏水”，经过“权威”的语言暗示，就使得大多数学生都认为它有气味。这就是权威效应在发挥作用。

为什么呢?

因为人们都有“安全心理”：总认为权威人物的思想、行为和语言往往是正确的，听从他们的话，会让自己有安全感，增加不会出错的“保险系数”；同时，人们都有“认可心理”：总认为权威人物的要求和社会要求往往一致，服从他们，会得到各方面的认可。

这一效应有着广泛的应用，如做广告时请权威人物代言，说理时引用权威人物的话作为论据等。我们要能认识到这一效应的积极作用，同时警惕它的负面效应，不要盲从。

【教学应用】

2007 年 6 月 23 日，高考分数查询开通后，人们第一时间传开了一个喜讯：临川一中高三（2）班的应届生吴振华同学以 702 分（语文 121 分、数学 137 分、英语 138 分、理科综合 286 分，加分 20 分）的高分位居全市理科排名第一、全省第二，录取清华是毫无问题的。对于自己这份高考成绩，吴振华表示相对高一入学时有着很大的进步，特别是英语、语文发挥得不错。作为他的班主任，我更明白，老师们三年辛勤的汗水终于浇开了这朵璀璨的“状元花”。

我深知，吴振华是个很有前途的学生。他基础较好，悟性也高，但学习上文理不均衡，对理科兴趣很浓，特别是对物理有着很高的天赋，而文科成绩却相对薄弱，刚升高中时语文和英语只有 90 来分，出现了“限制因素”。对此，我个人集合全体老师的智慧，为吴振华精心研制了一个“伸长短腿”的教辅计划：①因材施教，发挥其特长，继续培养他对物理的天然兴趣，让他参加物理竞赛培训，由物理学科骨干教师付建国担任主教练，悉心辅导，使他在学科竞赛中取得优异成绩，以争取清华、北大的保送指标；②精心做好他的思想工作，激发他对英语、语文等文科的学习兴趣，根据他的学习情况精心制定短期、中期、长期计划和实施方案，使他能够全面发展。由此，真正意义地做到了“培优”“扶弱”“治拐”。

我先是让吴振华担任物理课代表，使他保持对物理的浓厚兴趣，彰显个性；到了高二，又将他升为班上的学习委员，突出能力，同时兼顾各个学科的学习。与此同时，班上还为他专门订阅了英语、语文等文科方面的报刊资料，如《杂文报》《满分作文》《高考作文向导》《读者文摘》《青年文摘》等以开拓他的视野，为他全面的发展奠定基础。为了提高他的英语成绩，身为首批市英语学科带头人、全国中小学外语园丁奖获得者、校课改项目部主任兼教务处副主任的廖晓林老师经常亲自进行个别辅导，指导学习方法，提供个人编写的高质量复习资料，使他的英语成绩突飞猛进，高三后阶段每次模拟测试都在 140 分左右。与此同时，让他参加英语能力竞赛、语文作文以及书法比赛，培养他的兴趣。为了提高他的语文水平，学校特意安排市学科带头人、语文教研组长徐莉光老师担任他所在班的高三任课教师。徐老师有着丰富的高三教学经验，通过和吴振华一道分析语文学习中的困惑、查找语文学科的“瓶颈”，徐老师发现他对现代文阅读没有什么感觉，作文也很一般，而这是语文学科的两大重要堡垒。此后，徐老师便给他介绍语文学习方法、语文试题答题技巧，用此前被清华大学录取的往届毕业生的典型事例鼓励他，为他搜集精彩文句让他背诵借鉴，强化语文训练，面对面分析成败得失，甚至为他构建作文框架，使他拉长了语文“短腿”，成绩逐步提高到 110 分左右。经过长期的个别训练，吴振华在 2007 年全省高考语文平均不足 90 分的情况下，取得了 121 分的好成绩，英语高考成绩为 138 分，从而使他的高考总分名列全市第一名、全省第二名。

对于一个“拐脚”的学生，通过教师帮助他制定翔实、高效的学习计划，不断地给他“阳光雨露”，这朵可能不美的鲜花经过精心护理开得更灿烂。对于其他学生也是一样，教师的帮助可能会改变他的一生。为此，我们教师应该竭尽全力去帮助我们身边的每一个学生。①

【应用分析】

对于案例中的学生吴振华而言，教师是权威，而对于班级或学校中的其他学生而言，吴振华在一定程度上也是权威。如何正确地发挥两者的权威效应，案例中这位教师给出了具体的回答。

对于吴振华而言，教师帮助他分析优势和劣势，制订了适合他自身的发

① 案例来源：短腿是这样伸长的——尖子生培养札记.廖晓林

展计划，这一计划是具有极强针对性及可操作性的，吴振华基于对教师天生的信任，从而能够保证这一计划有效进行。

对于其他学生而言，吴振华本身的成绩越好，他的榜样和带头作用就越明显，越容易在班级和学校中形成示范作用，让其他学生在仰视“别人家的孩子”时，激发向上的动力，激发学习热情和动力。

教师在培养尖子生时，除了要能看重成绩好的学生，还要能注意一些偏才和怪才，要能尽量为这些偏科生创设良好的成长环境。要知道，要求每个学生全面发展只是一个目标，在实际教育教学中，不全面的学生太多，一些特别有特长的学生也要被高度重视起来。

主题 4　关注全体学生的心理效应

冰心曾说：“世界上没有一朵鲜花不美丽，没有一个孩子不可爱。因为每一个孩子都有一个丰富美好的内心世界，这是学生的潜能。”教育要面向全体学生，要深入了解学生，把握学生的不同个体差异，对症下药，让他们都能不断发展和成长。

一、信任效应——相信学生能成功

信任效应，在说服心理学、演讲心理学等心理学的众多分支中都有涉及，指的是可信度高的信息所引起的信任行为。

【效应描述】

关于信任效应，有一个著名的实验。

实验邀请了一个记者，让他以不同的身份对别人宣讲：对待未成年人犯罪者的态度要温和。

面对第一组被试者，记者以处理未成年案件的法官身份出现；

面对第二组被试者，记者以路人的身份出现；

面对第三组被试者，记者以一个未成年时曾经犯过罪的身份出现。

最终统计结果显示，在对这一问题是否理解和接受的态度上，第一组人理解的比例为73%，第二组为63%，第三组为29%。

由此可见，信息源的可信度，对于一种观点能否被别人接受具有极强的影响力。当身份是法官时，就会使人产生信任的强效应，而当身份变成罪犯时，可信度低，就会使人产生信任的弱效应。

【教学应用】

一天晚自习，张兰同学找到我要求换座位，她情绪非常激动，一边诉说，一边流着眼泪。起因是她的同桌王娜爱说爱笑，总是找机会和她说话，而自己已是第二年复课，心理压力非常大，想集中全部精力投入学习中去，结果两个人出现了矛盾，已有一个月没有说话。并且王娜在同别人说话时，经常含沙射影地贬低张兰。张兰也试图通过写信等方式向王娜解释这一切，可王娜的态度越发冷淡，“冷战”继续升级。

听着她激动的诉说，看到她成串的眼泪，我感到了事态的严重，这种“冷战”继续下去，对高考必然有大的影响。我一边听着，一边思考着解决的办法：“换座”是最简捷的办法，可一个人换座就要涉及其他学生，工作会更复杂，而且张兰和王娜的关系就可能永远也修复不了，这是下策。其次是找王娜单独谈，指出她的不足，晓之以理，也能让她转变态度，两人和好如初。但更令人担忧的是，王娜慑于班主任的压力，表面上同意，心里可能更怨恨张兰向班主任告密，这样“和谐”的表象下面是更严重的危机，这也不是最佳的解决办法。

最后我决定充分利用“信任效应”，把矛盾交给她们自己，鼓励她们自己解决这一切。我帮张兰分析了王娜的心理，王娜虽然气着你，可她的心里也不好过。在高三这个特殊的阶段，谁都想寻求一个舒畅的学习环境。她对你的成见太深，如果我出面同她解释一切，她会很敏感，情绪也一定会很激动，很难心平气和地把问题谈清楚，可能还会火上浇油，问题更加复杂化。能否找一个同你关系比较好，同时也能接近王娜的同学，先与王娜沟通一下，以后的事情再相机行事。张兰考虑了半天，还是犹豫不决。我鼓励她试一试，最后，张兰将信将疑地点了点头。

三天后的一个晚自习，两人拉着手找到我，脸上挂满了笑容。从她们的叙述中得知，先是靠同学传话，后来两人又进行了 3 次长谈，相互道歉，消除了隔阂。一场“换座危机”在“信任效应”中得以完美解决。①

【应用分析】

我们常说，要信任学生，要给予学生充分的尊重，相信他们能做好。案例中的这位教师，就在给学生提供了一个有效的行动计划后，充分表示了对学生的信任，鼓励她按照行动计划去自主处理问题，最终得以圆满解决问题。

教师在教育教学过程中，要想运用好信任效应，就必须注意以下几方面。

（1）要信任学生都愿意向好的方向努力。教师要相信，每一个学生都愿意学习美好的东西，都愿意去做一个好学生。同时，也要信任他们的聪明才智，能够解决问题，不要因为一次的过错就将学生判定为“问题学生”，认为他们“不可救药”，这会降低对学生的信任，使得后续的教育难以为继。

（2）要重视信任效应产生的机制研究。从心理学角度而言，信任效应的产生，要经过服从——认同——内化的三个过程。其中，服从很多时候是出于外在压力和诱惑的影响，还谈不上信任，只是信任的基础。认同是出于喜欢或崇拜的原因，满足了“归属”的心理需求，促进了信任效应的产生。内化是出于自身的信念，赞同对方，信任对方，产生了信任效应。因而，教师要想说服学生，要能够归因到内化，从而才能更有效果。

二、感情投资效应——投桃报李

感情投资效应，用一句话来解释，就是“投之以桃，报之以李”，是关于两个个体之间友好往来的一种描述。

【效应描述】

关于感情投资效应，有一个著名的故事。

---

① 宗世勇.润物无声——谈“信任效应”在班主任工作中的应用.中小学教育与管理.2003（8）

美国的一家电视机厂因为经营不善，濒临破产，工厂老板万般无奈之下，请来了一个新的职业经理人。

这个经理上任之后，做了两件事情：第一件是邀请员工喝咖啡，而且送给每个员工一台收音机。之后，经理和大家说："你们看，咱们工厂环境这么的脏乱，怎么能搞好生产呢?"然后他和员工一起开始动手清理，大规模打扫，使工厂环境为之一新。

经理做的第二件事情是在工厂人手不足时，没有另外去雇人，而是请回了以前被解雇的老员工，这让员工从内心中感受到了温暖。

此后，工厂迅速地扭转了被动的局面，生产开始蒸蒸日上。

经理的这两个"妙招"，虽然简单，但都蕴含了感情投资效应。只有让员工感受到关爱和重视、尊重，才能更大限度地调动他们的工作积极性。

这一效应运用到教育上也一样，教师充分运用感情投资效应，让学生认识到被爱、被尊重，之后的教育和教学才能起到应用的效果。

【教学应用】

学生姓名：周某

（一）课堂表现

首先引起我注意的是周某上课总是不会抬头看老师和黑板，喜欢和同学交头接耳，甚至自己在做一些小动作。虽然已经是五年级的学生，但还是喜欢玩一些小玩具。每个星期的周末作业几乎是不完成的。尽管如此，每一次考试过程中，他基础性的题目失分很多，但是对于一些有点难度的题目能够拿到分数。跟其他科目的教师沟通，发现他在其他学科上也存在同样的表现。

（二）调查分析

几经波折之后，我终于与该生的家长取得了联系。沟通之后，我逐渐了解到了一些我所不知道的细节。周某的父母是在宁波上班的，平时是跟着外婆一起生活。外婆有一个年龄跟他相仿的儿子。也就是说周某有一个年纪跟他差不多大的舅舅。外婆的年纪也不大，平时还要上班赚钱，疏于对这两个孩子的教育和管理。只是能够在吃穿方面给孩子提供保障，在学习上，两个孩子的学习习惯从一年级开始就没有培养好，因此在上课过程中也好，还是在家庭作业方面都只是应付了事。其父母也只是在过年过节的时候回来看看孩子，而外婆本身的英语知识是零，在英语学习方面根本就不能提供给孩子有力的帮助。再加上两个孩子在家没人看管，即使有教师所发的光碟和软件等学习助手，孩子们也是不会去认真地加以利用，大部分的时间都花在打游戏和其他玩耍的方面上，也就形成了无心向学的局面。

（三）教育措施

了解了周某的家庭因素之后，我针对性地给他设定了切实可行的学习方案。

端正其态度。我要求他上课过程中，眼睛必须要盯着我看，即使他的手没有很工整地放在桌子上。要知道当他眼睛盯着老师的时候，他哪怕手在摸别的东西，他的注意力还是会在课堂上。

激励加表扬。如果他在我的一节课中举手 1 次，我就给他加 1 分，回答正确 1 次再加 1 分。这就使孩子有了学习的动力。要知道我的这些加分可不是徒有其名的，它们是可以用来换取学生自己想要的东西的。所以积分的含金量比较高，孩子们也都是很重视的。

督促其言行。对于他平时的在校作业，我派了专门的一个同学对其进行了一对一的监督，如果平时的作业能够在老师规定的时间内保质保量地完成的话，他的监督员有权对他的表现进行适当的加分；反之，则可以对他进行相应的扣分。针对周末在家无人看管的情况，我也有妙招。现在的科技这么发达，联系如此便利，我当然得好好利用微信和 QQ 等有效的联系工具了。我给了他我的微信号，规定在周六的晚上 7 点之前将他的英语作业完成情况拍照片发给我，我对他的作业进行批改点评。如果能从我这里得到肯定的答复，那么他可以获得作业优秀奖 5 分。反之，则不仅要扣分，还要在周日早上重新做作业。这样一来，周某对作业的态度也就不再是敷衍了事了。书面作业完成之后，我对他还布置了口头的作业。我会让他去看一段或一部（时间允许的话）英文的电影。孩子对《哈利·波特》系列非常感兴趣，因此我就下载好电影，让他每周观看。观看的同时，他需要学会几句里面的台词。1 句台词加 1 分。并且需要跟我语音聊天，发表一下观后感。

（四）教育效果

教育并非是一日之功，是一个长期、曲折、艰难的过程，要将这些恶习从一个人身上驱除干净要付出汗水、精力、爱心等。教育不能急于求成，一蹴而就。虽然我的这一系列的措施和手段看似很完美，但是孩子毕竟不是工具，他有自己的思想，他也有反抗的时候。在行为心理学中，人们对一个人的新习惯或理念的形成并得以巩固至少需要 21 天的现象，称为 21 天效应。这是说，一个人的动作或想法，如果重复 21 天就会变成一个习惯性的动作或想法。通过软硬兼并，我最终让他将这一系列的措施坚持了下来。教师这个职业就是这样一个良心活，也许并没有人去监督你怎样去对待每一个孩子，这样一个孩子对于我的教育或许并没有什么太多的影响。但是在我，一个教师的心中却深深地明白，自己怎样对待这棵刚刚发芽的幼苗，往往决定着一个孩子的一生。我的放下也许是一时的，但是对周某来说，或许这就会是决定他一辈子的事情。

通过一个学期的努力，周某的英语成绩从原先的 61 分提高到 92 分，一个学期的努力终于没有白费。我在班上特意对他进行了表扬，这对于他自己而言也是一件无比荣耀的事情。从一个大家眼中的问题学生，变成了教师表扬的对象，这该是一件多么令人自豪的事情。①

【应用分析】

“没有笨的孩子，只有不会教的老师”。对于案例中的后进生，教师在认真观察和关注的基础之上，找到不好的行为和学习习惯的深层次原因，并进而制定出切实有效的指导措施，帮助学生进步。这其中最主要的原因，就在于教师对学生的关爱，只有爱学生，才能发现问题并解决问题。

教师要更好地发挥感情投资效应的积极作用，就要注意日常工作中的下面一些问题。

（1）以身作则，以一言一行影响学生。教师要求学生不能做的事情，首先自己绝对不能做。教师要为学生树立好的榜样，要在学生面前说话有底气，就必须规范自己的行为，以一言一行潜移默化地影响学生。

（2）勇于认错，及时改正。面对教育教学中出现的种种问题，教师要力求做到避免偏听偏信，但是偶尔也会判断失误。如果教师在不了解真实情况的前提下，让学生受了委屈，要能够及时地向学生认错，用行动告诉学生

① 案例来源：静待花开会有时——两则后进生辅导转化案例报告.陈江虹

“过而能改，善莫大焉”，从而能更好地赢得学生的尊重，让学生更愿意“亲其师”。

（3）教育学生注意攻心为上。师生之间由于年龄和经历等的差距，必然存在代沟，但教师要能将心比心，不时体察“生”情，多站在学生的角度思考问题，从而才能找出更有效的教育方法。

三、第十名效应——关注学生的潜力

第十名效应，指的是那些在上学期间成绩不是最突出的学生，将来有可能获得更大的成就。他的发现者是一位教师——周武。

【效应描述】

1989年，杭州市天长小学的教师周武受到邀请，去参加一个毕业学生举行的班级聚会。

在聚会中，他非常诧异地发现，现在已经升为副教授或者担任经理等职位的人，在上学时的成绩并不是最突出的，当年那些成绩突出的学生，很多都成就平平。

这一现象引发了周武的好奇心。他开始有意地追踪一些学生的发展。经过10年对151位学生的追踪调查，他发现：学生的成长是动态的，小学里的好学生会随着年级升高，逐渐出现名次后移的现象：小学时班级排名前5的，上中学后，43%的人名次后移；小学时班级排名7~15名的，上初中和高中后，竟然有81.2%的人名次前移。

这一发现震惊了很多人，人们迫切地想知道，这一规律是否具有普遍性，于是，有更多的教育界人士进行了后续的各种调查，最终发现，很多取得了大成就的人，他们在学校的成绩本不理想。人们就将其称为“第十名效应”。

为什么会出现这一现象呢？

有些教育学家认为，可能是基于下面这些原因的影响。

（1）学习成绩排名特别靠前的学生，把大部分时间都用在了追求分数上，导致没有更多的时间去向那些中等成绩的学生一样开拓课外知识，发展更多兴趣和特长，综合技能得不到提高。

（2）学习成绩排名特别靠前的学生，在整体的评价机制中总是能得到赞扬，成长过程中顺境多而逆境少，欠缺应对挫折的能力，而成绩中等的学生，这方面能力会强一些，随着年龄的增长，会有比较好的自我调节和提升能力。

（3）学习成绩排名特别靠前的学生，背负了家长和教师更多的无形期待，会很看重外界对自己的看法，常常处于心理紧张状态，更多关注成绩的提高，想象力和创造性思维都比较缺乏，其他特长和智能也很少。相对地，成绩中等的学生则有更加宽松的学习和生活环境，他们的想象空间和创造能力得到了很好的保护，更有时间去开发自己的特长和智能，容易在某些擅长的领域积累丰富的知识和实践经验，发展后劲十足，综合能力较强。

这一效应就充分说明了一点：一个人未来能否成功不取决于学习成绩的高低。

著名心理学家斯腾伯格用成功智力的理论来解释这一效应：一个人在学业上表现出来的智力称为“惰性智力”“学业智力”，而要达到人生中主要目标的成功智力，则包含创造性能力、分析性能力、实践性能力等。对于学生的教育，教师要能尽量保证他们的学业智力和成功智力保持协调、平衡发展。

【教学应用】

胡娅是因为学籍的问题从上海一所中学新转到我班的学生。她温柔文静，学习成绩中等，头总也抬不起来，上课静静地听课，按时完成作业，从不惹事，是那种不引人注目的学生。这就是她留给大家的印象，而且她很快就不再引起大家的注意了。

但我总觉得她有些异样。课堂上，我精心设计的情境深深地吸引着同学们，他们积极发言，热烈讨论，课堂上经常高潮迭起，我和同学们一起享受学习，一起体验快乐。但我发现胡娅依然安静，依然低着头，我看不到她激动的眼光。我试图通过提问来调动她的积极性，她倒也认真回答，但还是不主动。两个月过去了，胡娅依然默默无闻。罢了吧，她既不是学习有困难、需要帮助的后进生，也不是学有余力、需要特别“加餐”的优等生。很快，我也不再留意她了。和许多教师一样，我把目光更多地投向需要帮助的后进生和学有余力的优等生身上，以保证合格率和优秀率。

期中考试后，胡娅的妈妈第一次来到学校。她说每周四接孩子时，她躲在窗外听了我几次课了。是吗？我心里一惊。她说，女儿经常眉飞色舞地向她描述，说老师的课上得好，她特别喜欢听。几乎回家的每天晚上，胡娅写完作业后，总要在自己房间里给布娃娃们上课。她发现女儿的神态、语气都极像老师。毫不起眼的胡娅居然能那样眉飞色舞，被我忽视的胡娅居然把我当偶像一样模仿。末了，胡娅妈妈说出了孩子小小的心愿：请老师多看看她。

我惊讶，我激动，进而我深感内疚：我的漠视正在慢慢地熄灭她的热情，我居然轻易地忽视了这样用心的学生。曾几何时，教师们在“考试”这根大棒的指挥下，目光一再地偏移，用尽一切办法提升学生考试的合格率和优秀率，所谓的“抓两头，丢中间”就因此而产生了。是啊！不是要看合格率吗？教师就花时间狠揪后进生；不是要看优秀率吗？教师就花力气给优等生更多的机会。至于中等生，没必要也没时间、没精力去照顾了。其实，中等生所占比例最大，他们基础并不差，潜力很大。更关键的是，他们容易转化，受积极因素推动就会变成优等生，受消极因素影响就会变成差生。他们同样需要教师的目光注视，需要平等的机会，他们的热情还可以更充分燃烧。

我感谢胡娅妈妈给我上的这一课。带着内疚，我把目光投向每一个学生，尽力给每一个学生应有的关怀。我相信，当我的目光不再偏移时，“胡娅”们的眼里一定会发光，笑脸一定会更灿烂。

【应用分析】

多年来，教师在教育教学工作中，都比较重视优等生和后进生的教育工作，但是对于占据班级人数比重最大的中等生，很多时候都忽视了。

中等生中出现的问题，有时候具有很大的隐蔽性，不容易被教师发现，他们并不像优等生一样有优异的成绩，也不像后进生一样，需要教师投入更大的心力，苦口婆心地教育，因而，常常是默默无闻的。这种沉默一旦爆发出来，将产生惊人的破坏力，而且很难补救。就像案例中的这位教师，居然连她自己都并没有发现这种忽视，可见平等地对待每一个学生有多么困难。

教师要能够充分重视这一群体，努力挖掘这些学生的优势智能，让他们在班级中找到自己的发展方向。

（1）帮助他们客观、全面地认识自己。

对于优等生和中等生之间的差别，我认为，其中的壁垒不在于天生的不行或者能力的差距，而在于没有在学习、生活中正确地定位自己。教师要能够帮助他们实事求是地进行分析，认识自己。

（2）帮助他们找到优点，增强自信心。

教师要想强化学生的自信心，必须创造出一些让他们自己信服自己的成绩，让学生了解到教师对他的关注和关心，要能够及时表扬他们的进步，放大他们的优点，形成优势区域，增强他们的学习信心。正如卢梭所说："赞扬学生微小的进步，要比嘲笑其显著的恶迹高明得多。"

（3）多与家长进行沟通。

教育不仅是学校和教师的事情，更离不开家庭的作用。对于中等生的忽视，在家庭中同样存在。教师要能够通过家校联系的各种方式，和学生家长进行有效沟通，共同为学生构建出一个轻松、信任的氛围，让他们找回学习动力。

专题六

增强课堂活动效果的心理效应

德国教育家第斯多惠说：『要求学生必须用手、用舌、用头脑去工作，促使他去透彻了解教材，使它成为他的根深蒂固的习惯。』课堂教学并不单纯是教师的教与学生的学的单纯组合，学生参与的广度和深度决定了他们在课堂上的收获程度。在课堂上设置一些教学活动，让学生深度参与其中，能够很好地改变学生的学习模式，培养学生的实践能力和创新精神。

主题 1　影响课堂活动效果的因素

课堂活动是课堂教学的重要组成部分，它是综合实践活动的基础，这些活动一般都基于学生的直接经验，密切联系学生的自主生活和社会生活，能够让学生把所学知识进行深入的思考、探究和运用，对于学生学习效果的提升有着促进作用。

一、课堂活动效果取决于师生双方

课堂活动的实施，其目的是为学生的发展提供一个广阔的舞台，让他们将学到的知识尽情地展示出来，这就要让他们去体验、去探究、去感悟，真正地自主动起来。要想课堂活动取得良好的效果，必须注意下面这些因素。

1.良好的学习和活动环境

如果没有轻松愉悦、健康快乐的学习环境，学生很难全心投入到活动中去。教师要能够在融洽的师生关系的基础上，努力去开辟开放式的活动场景，让学生都乐于参与其中。

2.活动设计的有效性

实际教学中，我们会发现，有些教师的课堂教学虽然也设计了讨论、实验等活动，但本身活动环节更像对教学任务的机械完成，为讨论而讨论，为实验而实验，很难真正让学生投入其中。

教师要能真正让课堂活动“活”起来，设计符合学生实际的、让学生喜闻乐见的、课内外结合的活动形式，让学生愿意去参与活动。

少年儿童天真活泼，好奇心强，对自己生活中遇到的感兴趣的问题常会产生“真想试试”的强烈欲望，针对这一特点，我常结合科学课的内容让学生做一些事，如学习《地球和我们的关系》一课，关于环保知识，可以让学生做一些社会调查、宣传等实践活动，提高学生的思考能力和社交能力，增强学生的保护环境意识。

3.活动进程的把控和反馈

课堂活动能否有效进行，对于活动进程的把控是非常重要的。很多时候，我们会发现，教师的预设与课堂的生成之间有着差距，教师设计的活动很好，但是实际执行时，往往会出现各种问题，学生的配合度不高或讨论过于激烈，教师无法收放自如，这就是对于课堂活动的把控出现了问题。

而反馈，则是要求教师对学生在活动中的表现及时进行评价，调整学生的行为方向，从而保证活动的高效进行。

二、多种手段着力提升课堂活动效果

教师要想提升课堂活动效果，就要做到，把“玩”的权利还给学生，把“做”的任务派给学生，把“说”的机会让给学生，把“创”的使命留给学生，真正做到让学生从被动接受知识向主动学习探索转变，让学生成为学习的主人。

1.培养学生自主意识，提升合作学习效果

学生是课堂活动的主人，要能真正以学生为本，发挥学生的学习潜能，让他们在和同伴合作的过程中，积极交流，认真探讨，汇聚众人的智慧，构建自主、合作、探究的学习方式，体会自主学习与合作学习的优劣，能根据实际情况，选择学习方式，在相互影响中使自己的个性优势得到充分的发挥。

2.促进师生、生生良好沟通

课堂活动中师生和生生关系的好坏对于活动能否顺利进行、活动能否取得良好效果具有重要影响。平等、友好的师生关系，有利于和谐、愉快的学习氛围的构建；良好的生生关系，也可以让学生相互影响，相互启发，让他们的思维始终处于兴奋状态，从而取得较好的活动效果。

主题 2　提升合作学习效果的心理效应

合作学习是一种卓有成效的学习方式。巴洛赫在《合作课堂让学习充满活力》一书中指出："在一个小组中确实有帮助，因为有些事一个人永远也想不出来，但通过合作学习和观点的交流，就可以达到更多的理解。"教师要能够组织学生进行有效的合作学习，让学生在探究、讨论的过程中相互影响，共同成长。

一、共生效应——相互影响共同进步

共生效应，是指一定群体中的人们，在日常的劳动、生活、工作、学习中，会受到其他成员的智慧、能力的影响，获得思维的发散成长和能力水平的提高。这种影响在成员之间是相互的，是潜移默化中发生的。

【效应描述】

共生，原本是生物学概念，是 1879 年德国真菌学家德贝里首先提出的，它指的是不同种类的生物共同生活在一起的现象：当自然界中的一株植物单独生长时，会显得柔弱、单调，而当它与众多植物共同生长时，则呈现出根深叶茂、生机勃勃的景象。

这种"共生"，既发生在同类生物之间，也发生在不同类的生物之间，如海葵和小丑鱼之间，它们的关系极为密切，海葵身上面有毒刺，能够保护小丑鱼躲过其他鱼类的攻击；而小丑鱼则以海葵消化剩余的残渣为食，还能帮助海葵清理体表的坏死组织、寄生虫和泥土等杂物或者是作为海葵捕食其他鱼类的"诱饵"。

通过这样的共生现象，人们认识到，共生是人类与人类之间、自然与自然之间、人类与自然之间形成的一种相互依存、和谐统一的命运关系。在共生关系中的成员，都会因为这一系统的存在而获得比单独生存更多的利益。

这一效应目前已经逐步地渗透到社会学、管理学、教育学等众多领域。

对于教育学而言，教师要能努力创设合作学习的情境，切实为学生养成合作意识、竞争意识和协作能力搭建舞台。

【教学应用】

《背影》是初一语文（上）第三单元的一篇叙事散文，文章以朴素的语言刻画了父亲感人的形象，歌颂了父爱的伟大，特别是课文第六自然段父亲爬过月台为儿子买橘子的过程就集中体现父亲对儿子的关爱之情。为了使学生更好地领悟文章洋溢在字里行间的父子亲情，从中获得对生活、人生的有益启示，根据课文特点和学生的实际情况，我在这一部分课文的教学中尝试采用了合作学习的方式。

步骤一：学生自读课文第六段，将自己读不准的字标记出来，将自己不能理解的词语、句子用横线画出来。

步骤二：读完课文后小组成员共同讨论解决读课文过程中遇到的问题。(个别疑难问题在教师指导下全班交流解决)

步骤三：小组成员分别复述父亲过铁路买橘子的过程，并选出代表进行小组间竞赛，师生共同点评后，对于复述较好的学生给予表扬鼓励。

步骤四：小组合作找出表现父亲过铁道买橘子的动作的词语，并分析这些词语的作用。

步骤五：在分析词语的基础上，每个学生从这段课文中找出自己感受较深的语句，体会这些语句蕴含的父子之间的深情。在组内交流后，全班小组间交流，教师做适当指导。

步骤六：每个同学联系生活实际写出在这部分课文学习过程中的感悟，小组内部相互交流学习。

步骤七：各小组派代表在全班做交流学习的感悟和体会，教师做点评归纳。

这一环节是这篇课文学习的重点，又是个发现式学习的过程。在类似的语文学习中采用小组合作学习的方式可以培养学生语文学习过程中的合作探究意识，让学生在合作中彼此交流思想、情感、感悟，在此基础上感受文章表达的情感，领悟文章的主题，达到最佳学习效果。另外在这样的合作学习过程中教师要注意激发学生的学习积极性，提高合作学习的实效性。例如在上述合作学习过程中对课文的复述有一定难度，可以让小组内学习成绩好的学生先复述，给其他学生做出示范。在复述过程中，不做过高要求，只要学生说出大意即可。这样做目的是让所有学生在合作学习中都能获得成就感，激发学习兴趣，提高自信心。

【应用分析】

学生分小组合作学习是目前很多课堂都会出现的学习形式，有些合作却流于表面，看着热闹，却难以真正促进学生的能力成长。其中很大的原因在于教师没能真正把握合作学习的时机、没能很好地创设学习情境，没能引导学生积极地参与到合作学习中去。教师要想有效地组织学生开始合作学习，要注意以下这些问题。

（1）合作学习前要求学生独立思考，从而激发合作需要。

合作学习是为了让学生更好地参与到学习中，给学生提供展示空间，通过交流和讨论，让学生不断地产生新的想法，完善自己的观点，但是这种学习必须建立在让学生个体先进行独立思考的基础上。一些学生并没有养成独立思考的习惯，教师要能够充分考虑他们的学习状况，让他们先有独立思考的时间和方式，才能激发参与合作学习的愿望。比如说在组织小组合作学习之前，教师可以先给学生留出几分钟，让他们自己思考即将要开展的合作学习的问题或活动，然后再与其他同伴进行交流，从而才能相互交换想法。

（2）要把握合作动机。

形式必须为内容服务，绝不能为合作而合作，要让合作学习有真正的价值和意义。比如上面案例中，教师将整堂课设计为合作学习的整体形式，整个课堂以学生为主体，而不是在某个环节中，为了讨论而强行讨论，从而就能使学生形成强烈的参与感。

教师把握好合作学习的契机，在学生提出问题时能够引导他们进行合作学习，让他们在交流、讨论中得到启迪，获得灵感，迅速地克服一个又一个难题，体会到集体学习的力量，从而提升合作学习兴趣。

（3）留给学生充足的思考和操作的时间。

实际教学中，我们经常看到，教师一声令下，说要讨论某个问题，学生立刻行动起来开始讨论；而正当学生热烈地讨论某个问题时，教师突然下令停止，要求学生马上进入下一环节的学习。这样的合作学习中，并没有给学生留下充足的时间，学生好像机器一般，要根据教师的指令而动，很难取得好的效果。教师要能给学生留下充足的思考和合作的时间，从而才能让合作学习有深度、出成果。

二、观众效应——关注提升积极性

观众效应，指的是一些场合中，有没有别人在场、在关注，个体的工作效率会发生明显变化的现象。

【效应描述】

1904 年，美国社会心理学家茅曼在进行实验的过程中，无意间发现了这一效应。他正在房间里进行试举重物的实验，当房间中还有别人在进行观看的时候，被试的主体明显地速度加快，而且投掷的距离也会远一些。

在此实验之后，心理学家达希尔也对哈佛大学的一些学生进行了追踪研究，他要求学生们进行乘法练习，当有观众在场时，学生做题的速度明显加快，正确率也会高一些。

此后，心理学家阿尔波特也进行了类似的实验，得出同样的结论：自己单独完成任务和有人围观时完成任务相比，后者明显的完成效果要好。

这就是观众效应。

这一效应和共同活动效应都属于社会促进的一种情况。两者的区别在于，观众效应中的观众仅仅是观众，不参与活动，而共同效应中，人人都要参与活动。

对应到教育活动中，当学生进行合作学习时，在某些阶段，如组内单独发言时，其他学生都会关注发言者，这一过程中发言者的表现是会受到观众效应影响的，而当大家你一言我一语地开始讨论时，可能发挥作用的效应就是共同效应了。

【教学应用】

在教学《两小儿辩日》一文时，选择分角色表演课文内容的方法进行小组合作学习，小组内两人扮小孩，一人扮裁判孔子，用文言文进行辩论，由朗读到脱离课本。经过演练，从中推选出三组在全班进行辩论赛。一小儿曰："日初出大如车盖，及日中则如盘盂，此不为远者小而近者大乎？"字正腔圆，语气强烈。另一小儿曰："日初出沧沧凉凉，及其日中如探汤，此不为近者热而远者凉乎？"节奏明快，针锋相对。孔子曰："吾不能决也。双方斗为平局，不分胜负。""噢！"全班发出热烈的喝彩声。我接着说："孔子当年判平局反映了孔子'知之为知之，不知为不知'实事求是的态度。假如孔子现在还活着，他老人家会怎样裁判呢？"学生抢着答："仍然是平局。""为什么？""因为两个小儿的观点都是错误的。两个小儿观察事物光凭直觉，被一些表面现象所迷惑。早晨、中午的太阳离地球的距离是一样的，太阳大小也相同，只是背景不同罢了。"在讨论过程中学生各自寻找自己的有利证据，很好地理解了课文，掌握了文章的中心。

【应用分析】

合作学习目前已经成为新的课堂教学环境下常见的一种教学和学习模式。这一学习形式的实践过程中，陆续出现了一些问题。

学生在参与合作学习时，参与度不均衡，很多时候会出现优等生主宰学习的状况；学生缺乏独立思考的空间，很难在合作中获得巨大启发和进步；教师缺乏有效指导，学习效率不高等。

其中，学生的参与度不高，是教师要着力解决的一大问题。如案例中的这位教师，就设计了比较新鲜的课堂模式——辩论，让所有学生都参与其中，都有自己的角色定位，从而让他们都有机会认真思考，将所学知识融会贯通，真正深入脑海并表达出来。

教师在教育教学实践中，要解决好这一问题，提高学生参与合作学习的积极性和主动性，就要注意下列问题。

（1）科学合理分组，明确组员分工。

教师要能够帮助学生合理划分学习小组，尽量在小组成员之间，形成学习成绩、性别、性格特征、能力特征等方面的差异，让每一个成员在小组内都有独特的定位和明确的分工，从而都能积极参与到学习中去，避免出现个别成员是“红花”，其他成员是“绿叶”的情况。

（2）为合作学习确定明确的目标、方法、步骤等。

教师要能引导学生为合作学习确定明确的目标、方法、步骤和分工等，让学生们明确，合作学习要学什么，该怎样学，要学到什么程度，让学生带着目标去学习，通过自主的思考，获得独特的感受、体验和理解。

（3）鼓励学生在合作学习中的积极行为。

教师要鼓励学生积极参与合作学习，就要能够及时关注学生的表现，对于在合作学习中有表现良好的学生及时进行评价，让学生享受成功的喜悦，进而更努力表现，形成良性循环。

三、社会惰化效应——警惕出工不出力

社会惰化效应，也称为社会干扰、社会懈怠、社会致弱，是与观众效应正好相对的，是指个人在有他人进行围观时，或者在群体中和其他成员一起完成某项任务时，付出的努力会少于独自完成任务的时候，活动的积极性与效率都会降低，也就是俗话说的“出工不出力”。

【效应描述】

法国人马克斯·瑞格曼进行了下列实验：他要求被试者进行拔河比赛。

第一次时是两个人单独进行拔河比赛。随后逐渐增加每队的人数。在比赛的同时，用仪器测量出他们使用的拉力。

实验结果显示，一组只有一个人的时候，平均出力 63 公斤。一组有 3 个人时，平均出力 53.5 公斤。一组有 8 个人时，平均出力 31 公斤。

实验中所表现出来的这种现象，即共同完成一项任务时，群体人数越多，个人出力越少，这就是“社会惰化效应”。

这一实验中的结论，随后也被其他很多实验所证实，从而成为一项普遍效应，在社会生活的各个方面都有所表现，我们常说的“一个和尚挑水吃，两个和尚抬水吃，三个和尚没水吃”就是这一效应的形象化体现。

为什么会出现这一效应呢？

第一，是因为团队成员认为其他人并没有在公平付出，当自己努力工作

的时候，别人却在偷懒，从而自己也会减少工作来重建公平。

第二，是因为责任分散，团队的成绩最终不会归属于个人，个人的投入与团队产出之间的关系不明朗，从而会造就一些“搭便车的”，也会挫伤其他人的工作积极性。

【教学应用】

一堂语文课上，我自信满满地按照课堂教学设计的问题布置学生开展小组合作学习。当我参与到学生的小组讨论中去时，学生的表现令我大吃一惊：他们很多时间都在互相推诿，并没有陈述有关学习的内容或见解，表达自己读书的感受和想法。有些组在不断分工：你读第一段，他读第二段……几分钟过去了，有的组还没有确定谁来发言、谁做记录，没有开展有实质意义的学习；有的小组一直由学习好的同学在唱“独角戏”，而其他人则无动于衷、充当看客；还有的小组干脆将讨论的内容弃之一旁，或坐以等待别人的成果，或趁此热闹的场景，聊起了“题”外话……①

【应用分析】

案例中的教师就遇到了学生无法高效进行合作学习的情况，这一情况在很多课堂上都是普遍存在的，这其中有教师缺乏引导的原因，也有合作学习不恰当的原因。要能正确认识这一情况，并且针对性采取措施。

（1）学习任务不能忽视小组成员的个人需求。

教师在安排合作学习的任务时，要考虑整个学习小组的任务，也不能忽视小组成员的个人需求，要能够将安排的任务，划定为由个人独立完成的部分和集体共同完成的部分共同组成，并且将针对成员个人的任务设定得差异明显，保证各个成员之间不能相互替代，只能给予帮助和支持，从而强化学生个体的角色意识和参与意识。在汇报学习成果时，随机挑选小组成员作为发言人，使每个组员都有机会被挑选，从而增加他们参与学习的积极性和主动性。

（2）教师设定难度分层的学习内容。

教师要能对合作学习的内容进行认真的思考，使得小组内不同层次的学生都有发挥的空间，要有一定的难度，有一定的挑战性，让学生既可以最终

① 案例来源：小组合作学习案例分析.李静茹

解决问题，也必须经过认真的探讨、交流，才能最终完成学习任务，而不至于因为太难让大多数成员望而生畏，或者太简单让大多数成员失去学习兴趣。

四、头脑风暴效应——集体智慧力量无穷

头脑风暴效应，是指一种新的思维方式——头脑风暴法，是指团队成员在正常融洽、不受任何限制的气氛中，积极思考，热烈进行讨论，畅所欲言，积极发表自己的看法。

【效应描述】

头脑风暴这一词语，首先运用在精神病理学上，它是指精神病患者的精神错乱状态。后来，这一词语的运用范围逐渐扩展，开始指没有限制的自由联想和讨论。这正是头脑风暴法的含义。

头脑风暴法是人们在对群体决策的深层次研究中提出的。

在群体决策的过程中，团队成员点之间相互影响，经常会有人屈从于权威或大多数人的意见，而不敢发表自己的观点、看法，从而出现“群体思维”，这一思维削弱了群体的创造能力，使得决策质量有时候会降低。为了应对这一效应的负面影响，保证群体决策的质量，人们开始探索一系列的方法。头脑风暴法就是在这一过程中出现的，它的首创者是美国 BBDO 广告公司的奥斯本。

【教学应用】

下面是关于砸核桃的一次头脑风暴式讨论。

组长：我们的任务是砸核桃，要求多、快、好，大家有什么办法？

甲：平常在家里用手或榔头砸，用钳子夹，用门掩。

组长：几个核桃用这种办法行，但核桃多怎么办？

乙：应该把核桃按大小分类，各类核桃分别放在压力机上砸。

丙：可以把核桃沾上粉末一类的东西，使它们成为一般大的圆球，在压力机上砸，用不着分类（发展了上一个观念）。

丁：沾上粉末可能带磁性，在压力机上砸压后，或者在粉碎机上粉碎后，由于磁场作用，核桃壳可能脱掉，只剩下核桃仁（发展了上一个观念，并应用了物理效应）。

组长：很好！大家再想想用什么样的力才能把核桃砸开，用什么办法才能得到这些力。

甲：应该加一个集中的挤压力。用某种东西冲击核桃，就能产生这种力，或者相反，用核桃冲击某种东西。

乙：可以用气枪往墙壁上射核桃，比如说可以用射软木塞的儿童气枪射。

丙：当核桃落地时，可以利用地球引力产生力。

丁：核桃壳很硬，应该先用溶剂加工，使它软化、溶解……或者使它们变得很脆。经过冷冻就可以变脆。

组长：动物是怎么解决这一任务的，比如乌鸦？

甲：鸟儿用嘴啄……或者飞得高高的，把核桃扔在硬地上。我们应该把核桃装在容器里，从高处往硬的地方扔，比如从气球上、直升机上、电梯上往水泥板上扔，然后把摔碎的核桃捡起来（类比）。

乙：可以把核桃放在液体容器里，借助水力冲击把核桃破开（物理效应）。

组长：是否可用发现法如认同、反向……解决问题呢？

丙：应该从里面把核桃破开，把核桃钻个小孔，往里面打气加压（反向）。

丁：可以把核桃放在空气室里，往里打气加压，然后使空气室里压力锐减，内部压力就会使核桃破裂，因为内部压力不可能很快减少（发展了上一个观念）或者可以急剧增加和减少空气室压力，这时核桃壳会承受交变负荷。

戊：从核桃壳内部，我用手脚对它施加压力，外壳就会破裂（认同）。应该不让外壳长，只让核桃仁长，就会把外壳顶破（理想结果）。为此，例如可以照射……外壳。

乙：应该把核桃种在悬崖峭壁上，或种在陡坡上，它们掉下来就掉破。

甲：应该掘口深井，井底放一块钢板，在核桃与深井之间开几道沟槽。核桃从树上掉下来，顺着沟槽滚到井里，摔在钢板上就会摔破。

结果，仅用10分钟就收集了40个观念，经专家组评价，从中得出参考解决方案。

【应用分析】

一次成功的头脑风暴，有着众多产生影响的因素。教师要在实际教学中运用头脑风暴效应，就必须要重视下列问题。

（1）选择开放型、有利于发散思维的问题，从而让学生有足够探究和讨论的话题。

（2）要不设限制，让学生能够真正放松思想，从不同层次、不同角度，大胆地展开想象，尽可能地标新立异、与众不同。

（3）在头脑风暴结束之前，严禁教师进行评价，要让学生充分地表达完自己的意见，不论对错，不论质量，从而才能让更多人抛开心中的顾忌，积极参与其中。

（4）要鼓励综合多种见解，分析得出自己的结论或者是在他人的见解基础上进行发挥，从而才能使得某些论点得以闪光，对某一方面的见解更加全面、深刻。

主题 3　促进良好沟通的心理效应

列夫·托尔斯泰说：“与人交谈一次，往往比多年闭门劳作更能启发心智。思想必定是在与人交往中产生，而在孤独中进行加工和表达。”与他人进行卓越成效的沟通，能够拓展人际关系，学习他人的长处，促进自身的发展。教师要能够采取多种手段，和学生之间进行良好沟通，同时教会他们沟通方法，让生生关系也处于良性发展状态。

一、飞镖效应——平等尊重解除逆反心理

飞镖效应，是指将飞镖用力向一个方向扔，结果事与愿违，它却飞向相反方向的现象。这一效应由苏联心理学家纳季控什维制首先提出。

【效应描述】

飞镖，是古代的一种武器，它能够沿着一条弧线飞出去，然后再沿弧线折返回来，回到发射者手里。

在社会心理学的层面，就将这种行为产生的结果与预期目标完全相反的现象，称之为“飞镖效应”。

“飞镖效应”之所以会出现，其根本原因在于事件的当事人思考问题时简单、片面，他们死死地盯着要达成的目标，而完全忽视了择优选择手段，从而使得手段与目标无法匹配，反而会对目标的达成起到干扰作用。

很多心理问题的严重化，其中就有“飞镖效应”的影响。当事人不能正确认识到自己出现问题的原因，盲目地为解决问题而采取各种措施，他们并没有意识到，正是这种种措施使得问题愈加严重。

在人际交往方面，“飞镖效应”就提醒我们，要注重方式方法，免得适得其反。之所以会造成这种恶果，其中就有逆反心理在发挥作用。

逆反心理指的是主体的需要与客观环境的要求不相符时所产生的强烈反抗心态。这种心理，一般表现为对权威和现实的反抗心理，以及青少年成长过程中为了求得自我独立而对家长和教师的反抗。

要避免“飞镖效应”在教育中出现消极影响，就要重视学生的逆反心理，采取有效措施去缓解和扭转。

【教学应用】

我在指导学生复习生字的时候，为了不让学生对生字产生厌恶感，我巧妙地利用了书后附的那张生字表。上课的时候，便向学生求助：“同学们，老师觉得这张生字表看起来特别别扭，字与字之间好像很生疏，没有太大的联系，而且生字一课复习起来不太有条理，你能否当一回设计师，重新来设计一下这张生字表呢？”

我的话音刚落，孩子们便兴致勃勃地讨论起来了。

接着，他们讲了很多类别：字形相似的，可以放在一起加以辨别；多音字可以归为一类；两个字能组成一个词语的，可以结为“朋友”……最后，我让他们把自己的发现进行整理，设计成一张生字复习表，看看谁的发现最多、最全面，我们会评选出“最佳设计师”，并用他的大作进行生字复习。我最终挑选出 10 张略胜一筹的作品，让同学们投票，票数最高的那位即可当选“最佳设计师”。待评选结果出来后，我便以“最佳设计师”的大作为范本给学生进行生字复习。

整堂课学生都积极、主动地参与其中，个个精神抖擞。如此一来，学生有了自主学习的空间，有了自由发展的天地，因而变得愿学、会学、乐学，并从复习中体会到了探究知识、寻找真理的乐趣。①

【应用分析】

案例中的教师，充分地认识到了学生对于枯燥无比的复习课可能会产生的逆反心理，于是从开始就解决了问题——设计新颖的复习课形式，不让学生有滋生厌烦和逆反心理的土壤。

学生逆反心理的出现，一般由于其处在成长的过渡期，独立意识和自我意识在逐渐地增强，他们迫切希望摆脱大人的监护，以大人自居，反对把自己当成“小孩”。为了表现自己的立场，就会对大多事物倾向于采取批判态度。而且教师的可信度不足，教育手段和方法的不恰当，“越是得不到的东西越想得到”这一心理的影响等，都会导致逆反心理的出现。

教师在课堂教学和与学生交流沟通的过程中，如果能正确认识这种心理，才能采取适当方法，有效缓解。

（1）尊重学生，重视他们的意见。处于青春期的学生，他们最需要得到他人的认同与尊重。当学生表现出逆反时，教师不要急着去镇压，而是要先尊重学生的看法，让学生尽量表达自己的意见，将内心的感觉完全表达出来，然后教师对这些意见给予完全的重视和关心，让学生从心理上对教师富有好感，进而教育才能有成效。

（2）注意与学生说话时的语气、语调和用词等。教师要尽量避免使用命令类的辞令，这些词语会让学生产生被命令、被驾驭、被强迫的感觉，激起

① 郭黎明.怎样克服语文复习中的逆反心理［J］.语文教学通讯（小学）.2015（6）

反抗情绪，而应该采取征求同意的方式，不硬碰硬，避免引起摩擦而造成紧张关系。

(3) 委婉地纠正学生的错误。当学生出现错误时，尽量不要过分地指责和强调，而要委婉地指出。如果教师毫不留情地揪出他们的错误，批评他们，只会激起他们反对你。

同时，如果教师与学生发生了冲突，不要一味地要求学生承认错误，教师也要反思自己的行为是否合理、公正、正确。如果有问题，要能冷静地、坦诚地向学生承认错误，才能保证师生之间持续进行有效的沟通。

二、格林斯潘效应——学会认真倾听

格林斯潘效应，是指对于他人的说话，不断地用各种感兴趣的表情或动作进行互动，并时不时地发出“嗯嗯”或者“哦”之类的声音，这会让说话的人感觉自己的话都被听进去了，会受到这种暗示的刺激，进而以更好的发言来进行回报。

【效应描述】

1955 年，心理学家格林斯潘进行了一次语言条件化早期研究实验。

在实验中，格林斯潘让实验者对于具体的语言，采取“嗯嗯”或“哟哟”来回应，结果发现，这种回应会使被试者（具体语言的发出者）的语言行为受到明显的影响，当然他们本人可能并没有意识到这种影响的存在。这种现象就称为格林斯潘效应。

后续的一系列研究也证明，会产生这种效应的，不仅有“嗯嗯”“哟哟”之类的回应之声，实验者的行为、举止、语调、风格、言语方式等也都会产生类似的影响。

这一效应运用到教育中，就要求教师要能做一个合格的倾听者，对学生的言行进行及时有效的反馈。只是认真地看着对方，不时地做出回应，这一简单的举动会对师生关系的融洽起到重要作用，有效提升师生对话效果。

为什么这一简单的动作会有巨大的效果呢？一般来说，是受到下列因素的影响。

“嗯嗯”的肯定作用：当人们对他人的某个观点表示赞成时，往往会用最简洁的语言来回答，“嗯嗯”就能够表示出这种理解、认同、赞同和赏识，也能表示愿意接受、愿意倾听。这种状态下，人们的心态比较放松，几乎不会有拒绝的情绪，从而交谈的一方就会有积极的心理回应。反过来，如果是用“哎哎”之声或摇头的动作，就代表拒绝他人意见，会使得交谈无法继续下去。

“嗯嗯”的定式作用：当人们都已习惯于用“嗯嗯”表示肯定和接受时，这种反应就会成为一种定式，一种条件反射，即使人们刚开始交谈，只要发现对方一发出“嗯嗯”之声，就会理解为包含着肯定之意，使得交谈得以顺利继续。

“嗯嗯”的强化作用：“嗯嗯”之声会表示交谈的其中一方正在倾听，而且非常想继续听下去，从而使得说话者得到肯定，说话行为得到强化，更愿意滔滔不绝地说下去。

【教学应用】

曾经听过这样一个教学片段。

问题：刘大伯家院子里有一个长 4 米、宽 2 米，用栅栏围成的长方形羊圈。他买来 20 只羊，可是嫌羊圈小，因为每只羊占地面积大约是 1 平方米。怎么办？你能帮张大伯出个主意吗？

学生经过思考、验算，各自说出自己的主意。

(S1、S2、S3 略)

S4：不一定围成长方形，说不定不买栅栏也可以。

T：是个大胆的猜测。不买栅栏又怎么办？

S5：让小羊骑在老羊的身上。(哄堂大笑)

T：生活中确实有这样的镜头，不过一直让小羊骑在老羊的身上，肯定挺累的，是吗？

S6：我突然想到了，刘大伯家不是有院子吗？可以靠墙围。我外婆家的鸡圈就是这样的。说着，这位学生跑到黑板前画了一张示意图。这一建议得到全班同学的赞同。

T：是个好主意！能把我们的数学学习和实际生活联系起来想，真不简单！那大家想用他的方法试试吗？

（各小组埋头讨论，分头验算起来。过了 7～8 分钟，各小组举手汇报交流。）

T：根据你们的推理计算，羊的确都能赶进去了，羊圈的问题终于解决了，不过，这是最大面积吗？

S7：我们小组分头计算过了，设计成长方形有好几种情况，面积最大的是……设计成正方形面积是……设计成半圆面积是……半圆面积最大。

S8：我们认为半圆面积不一定最大，我们猜想可以设计出更大面积的羊圈，既然可以借助一个墙面，那么也可以借助两个墙面，把羊圈围在院角就行了。

T：你们组很会动脑筋，能举一反三，你们的猜想非常有道理，其他同学愿意一起验证吗？请大家再次分头计算，合作解决这一问题。

S9：我想不明白一个问题，栅栏的长度一直没有变，不靠墙和两面靠墙时，围成的圆面积最大，正方形第二，长方形最小；而一面靠墙时，半圆面积最大，但为什么长方形的面积反而比正方形的面积大？

T：你真了不起！发现了一个很有价值的问题，很值得研究研究，其他同学都听明白这个问题了吗？大家课后去讨论、研究吧，老师也很愿意参加交流。①

【应用分析】

在这个案例中，教师始终怀着平和的心态，认真倾听学生的发言。当 S5 说“让小羊骑在老羊的身上”时，教师并未生气，却说“生活中确实有这样的镜头”，从而引发了 S6 大胆而富有创意的设想，开辟了利用围墙的新思路。如果教师没能这样处理，而是对 S5 的发言嗤之以鼻或严厉批评，必然会使得课堂气氛变得沉闷，探索的氛围一去不复返，肯定难以达成这种良好的教学效果。

这就启发我们，要能做一个合格的倾听者。

（1）专注地听。教师在听学生说话时，要思想集中、神情专注，要让学生感觉到你在听，你很重视和他的交谈，而绝不能心猿意马，一边做事一边听，这会让学生感觉到被轻视，让学生的倾诉欲望瞬间减退。

---

① 张文玲.浅谈教师的课堂倾听［J］.教育.2016（7）

（2）放下架子去听。教师在听学生说话时，要有平等的心态，让师生之间的关系更像朋友关系，在亲密和谐的氛围中，让学生自由选择说与不说、说什么，从而才能让学生把和教师交谈当成一件快乐的事，更乐于去做。

（3）全面地听。教师在听学生说话时，要富有耐心，不要随便打断他们的话，也不能只听自己感兴趣的内容，而对于其他不感兴趣的内容则略过，否则你的表现会让学生把想说的话又憋回去，会有顾虑，难以真正表达内心所想。教师只有完整地、清楚地听完，才能做出正确的、全面的判断。

（4）设身处地地听。教师在听学生说话时，要能设身处地地站在学生的立场，去体会他们所说的内容，理解他们的思想和行为。当学生犯错时，不要大惊小怪，横加指责，要站在学生的角度，分析他们的动机，并且心平气和地表达自己的看法，从而拉近师生之间的距离。

（5）选择时机去听。教师和学生交谈，并不是随时随地都可以的，要选择适当的时间和地点，要在学生想说的时候去交谈，并且选择安静、无人打扰的理想环境，避开其他干扰，使学生能够放下心防，实话实说。

三、刺猬效应——保持适当距离

刺猬效应，强调的是人际交往中的“心理距离效应”，指出人们应当保持“亲密有间”的关系。

【效应描述】

“刺猬效应”，源自西方的一则寓言故事。

一个寒冷的冬日，两只刺猬都躲在洞里，蜷缩着身子，但是仍然感到非常冷。突然，一只刺猬灵机一动，说：“要不我们靠紧一点吧，这样身上的热量会散发得慢一点。”另一只刺猬也同意了。它们就开始尝试相互靠近。但是第一次，它们靠得太近了，身上的刺都刺到了对方，两只刺猬赶紧分开，但这次失败的尝试也确实让它们感到了对方的温暖，所以毫不气馁地继续尝试。它们为了不伤害对方，又要相依取暖，就小心翼翼地一点一点地靠近，最终终于找到了适当的距离，既能够很好地取暖，又能保护对方。

这个故事就暗示了人际关系的微妙，强调了人际交往中的“心理距离”。心理学家就从中总结出了刺猬效应。

将这一效应运用到教育中，就提醒我们：教师与学生之间要保持适当的距离，才能取得良好的教育效果；学生与学生之间要保持适当的距离，才能进行良好的交往和沟通。

【教学应用】

经常参加听课，偶有这种感觉：教师为了表现自己高超的教学艺术，常常对教学过程及每一个问题都做了精心的安排，教学中充分表现自己的渊博知识和聪明才智，侃侃而谈，不给学生留一丁点思考空间，难以激起思维的火花。

比如讲解等比数列的概念时，创设情境，举出实例。

(1) 庄子《天下篇》：一尺之棰，日取其半，万世不竭。

数列：1，$\frac{1}{2}$，$\frac{1}{4}$，$\frac{1}{8}$，……

(2) 在印度有一个古老的传说：舍罕王打算奖赏国际象棋的发明人——宰相西萨·班·达依尔。国王问他想要什么，他对国王说："陛下，请您在这张棋盘的第 1 个小格里，赏给我 1 粒麦子；在第 2 个小格里给 2 粒；第 3 个小格里给 4 粒，以后每一小格都比前一小格加一倍。请您把这样摆满棋盘上所有的 64 格的麦粒，都赏给您的仆人吧！"

数列：1，2，4，8，16，……

(3) 今有出门望见九堤，堤有九木，木有九枝，枝有九巢，巢有九禽，禽有九雏，雏有九毛，毛有九色。问：各几何？

数列：9，9^2，9^3，9^4，9^5，9^6，9^7，9^8

(4) -1，$\frac{1}{2}$，$-\frac{1}{4}$，$\frac{1}{8}$，……

讲这几个例子，可以节奏稍快，不断激发学生探索的兴趣。介绍完以后，学生的求知欲被唤起，教师要讲什么呢？我们再不慌不忙地提出问题：这些数列有什么共同特点呢？学生陷入思考，有的可能找到共同点了，有的可能还找不到，这时候，再提醒，类比等差数列的概念找出共同点。设计这种起伏的节奏，学生自然而然地得出等比数列的定义，水到渠成，学生易于接受，印象深刻。①

【应用分析】

苏霍姆林斯基说："我们的工作，就其本身的性质和逻辑来说，就是不断地关心儿童的生活。请你任何时候都不要忘记：你面对的是儿童的极易受到伤害的、极其脆弱的心灵，学校里的学习不是毫无热情地把知识从一个人的头脑里装进另一个头脑里，而是师生之间每时每刻都在进行的心灵接触。"

教师要能够真正和学生进行有效的心灵接触，就必须把握好和学生之间的交往距离，不能距离过远，会使学生失去温暖感，与教师之间产生陌生感；也不能距离过近，侵犯学生的"隐私"，会激起学生的反抗情绪，适得其反。案例中这位教师给课堂教学留空白，留出让学生思考的空间，也是和学生保持距离的一种。

（1）教师要把握恰当的时间距离。时间距离，也是距离的重要内容。每个学生都有自己的时间，如果教师无端地占用学生的时间，影响学生的正常安排，必然使学生反感。

（2）教师要把握适当的空间距离。个人空间的大小是相对的，它由交往双方的人际关系和所处的情境决定。人类学家爱德华·霍尔博士将人际交往划分了四种距离。

亲密距离：这是人际交往中的最小间隔，范围在 15 厘米之内，即"亲密无间"。

个人距离：这是人际交往中稍有分寸感的距离，近范围为在 46~76 厘米，一般熟人之间保持这个距离；远范围为 76~122 厘米，是陌生人之间谈话的距离。

社交距离：这是一种社交性或礼节性的正式关系，近距离为 1.2~2.1 米，一般工作环境或社交聚会，会保持这个距离；远距离为 2.1~3.7 米，是一种更加正式的交往关系，能增添一种庄重的气氛。

公众距离：这是公开演说时演讲者与公众之间的距离，近距离为 3.7~7.6 米，远范围在 10 米之外。这是一个几乎可以容纳所有人的门户开放的空间。

---

① 周海芳.数学课堂教学的节奏把握［J］.宿州教育学院学报.2011（6）

当教师要与学生交流、沟通时，一般应保持近的个人距离，即46~76厘米，偶尔可以突破到亲密距离，比如说拍拍学生的肩膀、摸摸学生的头之类。

（3）教师要把握适当的心理距离。教师在与学生进行交流沟通时，要能保持一定的心理距离，不对学生不想说的事情追根究底，尊重学生的隐私权。如果必须知道某件事情才能继续进行教育，也注意要旁敲侧击，或从别的渠道获得信息，不要当面直接逼问学生，要让学生保留自己的内心世界。如此，才能在相互尊重的平等的氛围中，形成良好的教育效果。

教师在与学生进行交流时，要注意这些距离，同时也要能够引导学生关注这些距离，并有效引用，形成良好的师生关系。

主题4　引入竞争机制的心理效应

苏联作家高尔基说："在这个一切都基于竞争的世界上，是没有童话般的幻想和多愁善感存在的余地的。"竞争是自然界和人类社会的常态。集体与集体之间、集体的成员之间，总是处在竞争与合作之中，在竞争中合作，在合作中竞争，两者并存，从而使生活更加多姿多彩。注重竞争，才能让合作取得更好的效果。

一、鲶鱼效应——以竞争激起发展动力

鲶鱼效应，是指用一些手段或方法，刺激群体或个人积极参与竞争，激活整体环境，使得整体更有活力。

【效应描述】

鲶鱼效应来源于一则故事：

挪威人非常喜欢沙丁鱼，尤其是活鱼。在市场上，活鱼的价格要远远高于死鱼。所以渔民们总是想各种各样的方法，希望能让沙丁鱼活着运到港口去卖。但是他们想的这些方法并没有太大用处，大部分的沙丁鱼都在运输过程中因为窒息而死。

令人称奇的是，有一条船的船长，总是能让大部分的沙丁鱼活着运到港口。他严格地保守着自己的商业机密，直到他去世，这一秘密才被揭开。

原来船长是在装满沙丁鱼的鱼槽中，放入了一条鲶鱼。这条鲶鱼进入鱼槽中后，就开始四处游动。沙丁鱼见到有“异己分子”出现，害怕自己会被吃掉，就非常紧张，四处躲避，加速游动，从而也就解决了缺氧问题，大部分的沙丁鱼都能活蹦乱跳地运到港口。

心理学家就从这一故事中归纳出了“鲶鱼效应”。

这一效应对于人们有着不同的启示：

对渔夫来说，在于激励手段的运用，在于“鲶鱼”的引进和整体的把控；

对鲶鱼来说，在于自我实现，它们在适宜的环境中，发挥了最大效用；

对沙丁鱼来说，在于忧患意识的确立，如果自身缺乏这一意识，外部的压力也会促使它们形成这一意识。

【教学应用】

一所学校，一个班级，如果人人都相安无事，表面上静得出奇，实质可能是滑坡。哲学告诉我们，事物的发展是前进性和曲折性的统一，没有矛盾就没有发展，有了矛盾需在碰触中得以解决。“水尝无华，相荡而成涟漪；石本无火，相激而生灵光”。在学校，教职工的想法受到重视，他们才有主人翁的工作态度。教职工的问题切磋和争论辩白，都可使一些事情思路清楚，方法明朗，措施可行。联谊活动、竞赛活动，都在一定程度上促进情感的交流和思想的碰触。

高中语文《氓》这篇课文，有位语文教师智慧地引导学生进行论辩：“假如你是这位女子，请你提起控诉。假如你是这位男子，请为自己辩解。”课堂立马热闹起来。

女方：男子是冷漠无情的，女人为他付出几十年的青春，他竟然无情无义。爱情是不可信的。联系今天，女人可以不漂亮，但不能不独立。宁可笑着累，不可哭着享受。

男方：就当时来说，旧社会的男子有三妻四妾，年老色衰的女子会失宠，也很正常。况且，这位女子没生孩子，是为不孝之一。

后来在教师的引导下，把古今进行对比，得出结论：古代和现代，是两个不同的社会，自然引发两种不同的结局，女人的命运也不一样。

教师点拨，可见，读《诗经》也要谈古论今，不能以偏概全，一棍子把男人打死了。

这个教学片断的成功就在于相互间思想的碰触。我们强调得最多的是师生之间的平等对话、教师对学生的引导。其实，学生才是课堂上最大的资源，学生与学生之间，更需要观点认识的相互碰触。学生是那一滴滴水，学生是那一块块石，他们的碰触生成课堂上最美的风景。解读文本，允许学生争辩，本来很多时候可以“多解”；讲评作文，重视学生申诉，只要能说出理由；组织活动，应由学生献计献策，他们更喜欢遵照执行。教育教学不是老师对学生的单向传递活动，而是师生之间、学生与学生之间的多向碰触活动。

【应用分析】

案例中的教师，为了改变沉默无比、相安无事的课堂，就运用了鲶鱼效应，将竞争引入课堂，用论辩的形式，激起了课堂活力，使得学生对所学知识会有更深刻的感悟。

教师如果在课堂活动中运用鲶鱼效应，就要重视下面几点。

（1）发掘学生群体中的鲶鱼。每个学生的个性特征都是不同的，在不同的环境中，一些学生会成为“鲶鱼”一样的存在。如在气氛比较沉闷的课堂中，爱说好动的学生就可以成为“鲶鱼”，带动课堂整体气氛的活跃；在整体比较中，一些头脑灵活、爱学习、每次测验都比别人高出一筹的学生，就可以成为“鲶鱼”，面对差距，其他学生就“不待扬鞭自奋蹄”了。

（2）让外部因素成为鲶鱼。有些时候，教师可以在课堂活动中设置辩论、演讲、竞赛等这些带有强烈竞争意味的活动，在这些活动形式的刺激下，学生的积极性被大大调动起来，从而使整个课堂变得生机勃勃。

（3）让学生产生紧张感。有些时候，学生在安逸的环境中待久了会缺乏活力，这就需要运用鲶鱼效应，促使他们产生紧张感。比如有些学生做班干部久了就会出现麻木和依赖，教师就可以运用轮换打分的方法，让其他同学也有机会来当班干部，并且对具体的管理行为进行打分，让原有的班干部们立刻警醒起来，全身心地投入班级管理中，以免自己“地位不保”。

总之，教师要能充分地将鲶鱼效应运用到教育中，多制造“鲶鱼”，使得学生在各种“鲶鱼”的带动之下，奋勇争先，力争上游，形成一种积极向上的良好局面。

二、竞争优势效应与双赢理论——在竞争中合作

竞争优势效应，是指当双方有共同利益时，人们往往会先选择竞争，而不是对双方都会有利的合作。

【效应描述】

心理学上有这样一个实验：

心理学家们随机选择了一些学生参加实验，将他们两两随机分组。让一组中的两个人在不商量的情况下，分别在纸上写出自己想得到的钱数。将两个人写的钱数相加，如果和小于100或正好等于100，那么两个人都可以得到对应的钱数；如果和大于100，那么两个人就都需要反过来付给心理学家钱。

实验结果显示，几乎没有哪组学生写下的钱数之和小于100。

心理学家们分析这其中的原因，他们认为，人类与生俱来存在着竞争的天性，每个人都希望自己要强于别人，也都不能容忍对手比自己强大。所以当有利益冲突的时候，大家往往会竞争，即使两败俱伤也在所不惜；即使双方有共同的利益，人们优先选择的也是竞争，而不是合作。

要想消除这一效应带来的副作用，就要推崇“双赢理论”，引导人们与周围的人友好相处，精诚合作，从而实现优势互补，在竞争中共同发展。

将其运用到教育中，就提醒我们，要能引导学生学会处理竞争和合作的关系，在竞争中合作，避免无谓内耗，才能让整体获得更好的发展。

【教学应用】

一位历史教师是这样对学生进行合作学习安排的：

小组的创建，一般可安排6人左右。要考虑学生各方面的差异，根据知识基础、学习能力、兴趣爱好等搭配分工，设组长、副组长、记录员等。组长一般先让组织能力强、有较强的表达能力及学习能力并且有合作精神的人担当。分组后，让每组通过讨论，取出自己喜欢的组名——“勇往直前”“我心飞翔”等。在小组活动开展的初期，教师一定要培养组长的管理和组织能力。通过一段时间的培养和学习后，可轮流让每个组员当组长，展示他们的领导和组织能力。

例如，在讲解七年级历史下册《中外的交往和冲突》一课时，将“郑和下西洋”设置成六个大的问题。

（1）为什么明成祖将远航的重任交给郑和？

（2）讲述郑和下西洋的原因及经过。

（3）郑和下西洋的历史意义。

（4）郑和为什么能成功地实现远航呢？

（5）从郑和身上你学到了哪些优秀品质？

（6）郑和下西洋已经过去了600多年，为什么郑和还值得我们纪念？

这样，六个小组分别进行合作学习、任务分工，并逐一展示合作成果，通过竞争与评比，选出最佳表现组、最佳组长、最佳组员等，以此来培养学生的合作意识和竞争意识，既可激发学生合作学习的欲望，也可增加学生合作的信心。

【应用分析】

对于学生来说，竞争与合作，一般存在于小组合作学习中。教师要能充分利用“组内合作、组间竞争”的模式，提高学生的竞争能力和合作学习能力，从而促进团队精神的形成。像案例中的这位教师，就将学习任务进行分工，通过竞争与评比的方式，有效地激发了学生的合作意识和竞争意识，课堂取得了良好效果。教师要能在合作学习中积极引导，更多地发挥学生的能力。

（1）增加合作竞争的机会。小组合作学习的过程中，师生之间都相对比较积极，相互配合，课堂气氛生动活泼；学生之间相互合作、相互团结、相互竞争、相互启发，取长补短，共同提高。教师要能适当地增加这种学习机会，让学生在愉快的学习中体会到成功的快乐，逐渐建立团队意识。

（2）竞争与合作，都要致力于问题的解决。问题是合作学习的出发点，也是合作学习的核心。教师要能充分认识这一点，不盲目要求合作学习，只在真正需要时运用。要让学生在组内、组间展开热烈有序的讨论，针对问题发表意见，不要脱离开问题情境，否则会使课堂发生偏移。

专题七

有效评价促进学生发展的心理效应

著名教育家夸美纽斯说：『教师的嘴，就是一个源泉，从那里可以发出知识的溪流。』教师不仅要教给学生知识，还要对学生进行评价。不同的评价会对学生造成不同的影响，如何正确地评价学生，已经成为一门艺术，教师要能学会适时、适当、适量地评价学生，在评价中为学生把关定向、释疑解难，引领学生走出迷茫，促进学生更好地发展。

主题 1　课堂评价对学生的影响

教师对学生的评价至关重要，每个教师都希望能运用恰当的评价，对学生产生积极的影响，从而促进学生的发展。要做到这一点，要能全面认识评价的各个要素，了解评价方式的具体运用，才能有效运用到实际教学中。

一、课堂教学中对学生的评价方式

新课程标准中指出，对学生的学习评价要知识与技能、过程与方法、情感态度与价值观三个维度三位一体，改变了过去过分偏重知识与技能评价的状况。

1.对知识与技能的评价

这方面的评价要根据教学目标和学生基础，结合他们在学习过程中理解、掌握知识和提升技能的情况，对学生进行及时的反馈。这种评价能够帮助教师了解学生对课堂知识的掌握情况，又能让学生得到评价，认识自我的学习情况。

2.对过程与方法的评价

教师不但要关注课堂教学的结果，更要重视学生的学习过程和方法，这样可以帮助学生“知其然也知其所以然”，培养学生的创造性思维的积极性。比如说，数学教师在应用题教学的过程中，就不仅要看学生的计算结果是否正确，还要关注他们的计算和思维过程是否合理，是否有创造性的解题方法，运用的解题方法是否科学简便。这样对于过程的关注，就能帮助学生提升思维能力。

3.对情感和态度的评价

这种评价是教育改革之前的教学评价中所不重视的，却非常重要。它决定着学生的学习兴趣和学习习惯的养成。这种评价需要是发展性的评价，会诱发学生的积极情感体验，让学生在快乐的情境中学习。教师进行这一评价时，可以采用肯定的语言描述，也可以运用表示赞许和肯定的动作、表情等。

二、什么才是有效的教学评价

新课程标准中指出，教师要能在课堂教学中对学生的学习建立评价指标多元化、评价方式多样化，既关注结果又重视过程的评价体系。

那么，该如何对学生进行有效评价，构建这种评价体系呢？教师需要从以下几方面进行努力。

1.要用欣赏的眼光看待学生

学生的课堂教学和课堂活动的主体，是发展性的，教师要能够引导学生不断进步，不断在各类讨论、探究中发挥自己的优点，要能用欣赏的眼光看待学生，对他们提出鼓励和表扬。

2.创造条件，让学生进行自我评价

课堂教学中涉及很多的教学活动，教师要能够让学生积极参与其中，亲身体验，并且可以让学生对自己在活动过程中的表现进行自我评价，反思自己表现好和表现不好的方面，思考该如何进行改进，从而使学生获得成就感。

3.开展学生互评

“当局者迷，旁观者清”，教师在引导学生开展自评的同时，也要注重互评的开展。通过同伴之间的评价，能够让学生更好地发现自己的优缺点，相互学习，共同进步。

4.评价要注重结果，更要注重过程

结果固然很重要，但是学生的创造性学习的过程更为重要，评价中要能有效运用过程性评价，激发学生的自信心。

5.评价要有计划性

课堂教学中，什么时候进行评价，对什么行为进行评价，采用怎样的评价方法，教师都要提前计划好，这样才能避免课堂上的忙乱和无序。

6.评价要有即时性

教师的评价要注意时机，不能超前，也不能拖后，要注意抓住学生发言和行为的契机，该及时鼓励的就要毫不犹豫地进行鼓励，不应该立即进行评判的，就不要着急下定论。

7.评价要真挚而诚恳

真诚的情感是打动一切的源泉。教师的评价，无论言语是质朴还是优美，无论表现形式是直接的还是间接的，都必须依托于真挚的情感，让学生获得成就感和幸福感。

8.评价要有度和双向

教师要表扬和批评兼有，不能一味地表扬或一味地批评，要能根据学生行为的性质，该表扬则表扬，该批评则批评。

主题 2　正强化的心理效应

正强化，是指通过增强积极刺激，使我们以后进行某一行为的可能性增加的行为或反应，也称之为“阳性强化”。在正强化中，某一行为的结果是积极的，从而会频繁发生。这一效应经常用于改善某些不良行为或者维持现有积极行为。教师运用适当的心理效应，可以有效促进学生积极学习的一面、良好行为的一面、个体成长的一面。

一、马太效应——正确运用奖惩

马太效应，指的是强者越强、弱者越弱的现象，这一效应被广泛地应用于社会心理学、教育、经济等领域中。

【效应描述】

马太效应，其名字来自圣经《新约·马太福音》中的一个故事。

以前，有一个国王要出远门，他在临走之前，分别给了3个仆人每人一锭银子，让他们去做生意，要求等他回来的时候，这3个仆人再回来汇报成果。

过了一段时间，国王回来了，3个仆人各自汇报了自己的情况。

第1个仆人赚了10锭银子，国王就奖励给他10座城邑。

第2个仆人赚了5锭银子，国王就奖励给他5座城邑。

第3个仆人说，他害怕把银子丢了，一直包在手帕里没有拿出来，所以什么也没赚到。国王于是把他的这锭银子收回，又奖励给了第1个仆人，并且说："凡是少的，就连他所有的，也要夺过来。凡是多的，还要给他，叫他多多益善。"

这就是马太效应起初的故事，反映了"赢家通吃"的社会普遍现象。

1968年，美国研究者罗伯特·莫顿提出，马太效应这一术语的应用范围应该扩展，可以用来指一种社会心理现象："即使成就类似，声名显赫的科学家们往往会比不知名的学者能得到更多的声望；而在同一个项目上，最终的荣誉通常会给予那些已经有名气的学者。"并进而将这一效应概括为：任何一个个体、群体或地区，当他们在金钱、名誉、地位等方面获得了成功和进步时，就会产生一种积累优势，从而有更多机会来获取更大的成功和进步。

【教学应用】

曾经有一名学生在作文中流露出自卑感："我和我的好友初中在一个班，成绩也差不多，但是由于中考，我的同学考进了市直属的重点中学，而我却只能在区里的重点高中学习，我很自卑，觉得自己想考个理想大学又难上加难了。我该怎么办?"

了解这一状况后，我找她谈心，告诉她，我们的学校考上名牌大学的学生比比皆是，让她打开了心结。

同时，我想到，这样的事情估计不是个例，于是我布置了一个作文题目"欣赏自己与欣赏他人"，让他们自己用文章说服自己，给自己树立信心。

令我没想到的是，我找她谈过心的那位同学居然写了一篇一类作文。于是我抓住契机，将她的作文作为范文在全班朗读，同学们的掌声让她开心地笑了。

此外，我还经常运用课前演讲的形式，希望能让所有的同学都开口，表达自己的想法。然而这个方法实施起来并没有那么顺风顺水，班上有很多同学在课前演讲的时候，根本没有进行任何准备，上台后支支吾吾，说了些小故事或冷笑话，而且短短的一两分钟还会忘词，这不仅没有树立他们的自信心，反而让他们更具挫败感。起初，我也很头疼，但是我始终秉持着不抛弃、不放弃的原因，私下里又找机会和他们聊天。在和一名被贴以“差生”标签的女生聊天时，她提到，她看过三遍《红楼梦》，对书中的那些饮食非常感兴趣。于是我建议让她再次申请一次课前演讲，给大家介绍一下书中的美食。那一次，她的演讲非常成功，赢得了同学们的啧啧称赞。慢慢地，我发现那名女生跟以前不一样了，她甚至会在课堂上主动发言了，逐渐朝着好的方向发展。[①]

【应用分析】

“强者越强，弱者越弱”的马太效应，运用于教学中，就要求教师要能够善于运用多种手段，强化学生优秀的一面，改变学生弱势的一面。案例中的这位教师，就是对于学生的缺点和劣势进行了针对性的评价和调整，使得学生能够树立起自信心。他在其中使用的主要手段就是表扬和正面评价，对于学生的优秀点进行表扬，会使得优秀更优秀，对于学生的弱势点上偶尔迸发的闪光点进行表扬，会逐渐改变他们的这一弱势，使弱势逐渐向优势的方向转化。

教师要能认识到马太效应的存在，并且采取措施，在实际教学中，发挥其积极有效的一面，中和其不利的一面。要热爱每一个学生，平等地对待他们。不要将评价的目光只集中在优秀学生身上，也要能够关注到中等生和后进生，让他们不会因为被忽视而越发落后。

二、暗示效应——潜移默化诱导学生

暗示效应，指的是在没有对抗的条件下，可以运用含蓄、诱导的方法对人们的心理和行为施加一定的影响，诱导人们按照预期的方式行动和思维。

① 杨勇.如何克服语文教学中的负面“马太效应”［J].中学语文.2018（1）

【效应描述】

巴甫洛夫认为，暗示是人类最简化、最典型的
就是指人们个体或环境，能够以一种比较自然的方式对
接受了这一信息，从而有相应反应的一种现象。暗示效应所
巴纳姆效应有很大的相似之处。1948 年，心理学家伯特伦·福勒
明了这一心理现象。

一位名叫肖曼·巴纳姆的杂技师这样评价自己的表演：“我受欢迎是
我的节目中包含有每个人都喜欢的成分，就会使得每一分钟都有人‘上当受骗’。”心理学家就从中归纳出了一种效应：每个人都相信一个有笼统、一般性的人格描述是非常适合自己的，当有人用一些含混不清、普遍、广泛的词语来描述一个人时，人们很容易就会接受这一描述，并认为描述中所说的就是自己。

之所以会产生这一效应，是因为其中有主观验证的作用，是因为我们心中想要相信。这种想要相信，就和暗示效应中的“暗示”有异曲同工之妙。

【教学应用】

认识生字对语文学习是十分有意义的，是学习语文的基础，也是语文学习的主要内容，但是更为重要的是，不能一味地强调死记硬背，对学生进行说教。对于低年级学生而言，无法真正理解深奥的道理，运用间接的教学暗示将会较好地调动学习的积极性、创造性和主观能动性。低年级教学主要发展的是学生的形象思维。学生的自制力难以集中，对音乐、绘画、活动等充满兴趣，教师在教学汉字的过程中可以巧妙运用暗示的技巧，借助活泼生动的方式，为学生创造出良好的学习动机。教学生字时，文字的背景应尽可能地采用图画、视频和板书的形式，通过视觉将其呈现出来，让学生对生字的了解从死记硬背转变为从抽象概念到具体概念的过程，感受汉字的形象，提高认识汉字的乐趣。这样的暗示教学技巧可以帮助学生加深记忆，甚至采用不同颜色的粉笔都可以让学生对生字有更为形象的感知。教师利用暗示教学的手段，能激发学生潜在的学习动力和欲望，帮助学生更为生动、有效地学习汉字。[①]

【应用分析】

案例中的教师，在教学过程中，就潜移默化地将生字的教学用较为活泼

① 刘丽敏.谈暗示在语文教学中的作用［J］.新课程小学.2017（7）

，让学生将认字这一抽象性的活动逐渐具体化，变得更加

生在不知不觉中就学得更轻松。

对于教师而言，要有效发挥暗示效应的作用，就要注意以下几方面。

（1）教师在进行心理暗示时，要能有意识地选择积极暗示。假设你能够说服自己相信，自己是可以完成某件事情的，并且确保这种事情是会发生的，那么潜意识里其实就已经接受了这个积极暗示，那么，即使事情非常难办，最后你也能办到，你所暗示的情形都能够实现。反之，如果一开始就暗示自己做不到，那么最终肯定会一事无成。

（2）避免消极暗示的负面影响。无论在什么情况下，教师都不要对学生说“你身上到处是缺点，找不到优点”等消极的话语，那样只会让学生更多地将这些缺点表现出来，此外没有任何益处。教师要能够转变思想，改变话语，尽量找到学生的闪光点，肯定学生的进步。假如学生这次的任务也完成得不好，你可以尝试这样说：“你这次做得不错，比上次好多了（即使这并不是事实）。”这样就会避免消极暗示，在这种表扬的积极暗示作用之下，学生的表现真的会一次比一次好。

（3）教师要能引导学生相信自己。暗示效应要想取得好的效果，必须保证暗示要真诚，要不怀疑这种暗示，要有坚定的实现目标的信心。教师要能认真努力，对学生进行暗示的时候，发自内心地去想、去说，要让学生能够坚定地相信，并且确定自己努力之后，能够达成教师要期望的。

三、自己人效应——有效加强说服效果

自己人效应，是指在人际交往过程中，如果你被对方认定为是“自己人”，那么你所说的话，他就会更容易接受，更信任。

【效应描述】

1961 年，社会心理学家纽卡姆做了一次实验，结果证明，当人们彼此之间的态度和价值观越相似的时候，就相互具有越大的吸引力。人们从中就归纳出了“自己人效应”。用人们常见的一句话来概括这一效应，就是“是自己人，什么都好说；不是自己人，一切按规矩来”。

“自己人效应”中包含有两大“喜欢机制”。第一个是态度和价值观保持

一致。在这一前提下，双方互相欣赏、互相接近是很正常的。不过这种一致性，很难一蹴而就，必然是在长时间的接触和磨合中才越来越稳固的。第二个就是“喜爱引起喜爱”，也就是情感的相悦性。用一句简单的话说，就是“我发现你喜欢我，然后我才会喜欢你”。这种喜欢是会在瞬时之间就达成的。

自己人效应的不断强化，对搞好人际关系有着积极的促进作用。运用到教育中，当教师被学生认为是“自己人”时，就会更容易接受他们的言语。

【教学应用】

新学期，我又接了一个班级，学生对我充满了好奇。如何与学生近距离地接触、保证课堂教学效率呢？我左思右想，决定第一堂课采用聊天的方式教学，拉近师生之间的距离。

“同学们，看到你们就让我想到了自己的学生时代。我喜欢唱歌、上网，更喜欢摆弄电脑，那时候我是班级有名的‘电脑医生’呢!”学生们听后，都向我投来钦佩的目光。

我又继续说：“在众多歌星中，我最喜欢周杰伦，很向往去看他的演唱会，但一直没机会。我最崇拜的是比尔·盖茨，我发现他真的很能干，开发了那么多的软件。我相信，只要你们在课上认真学习，课后不断钻研，10 年或 20 年后，我们班也会出现中国的小比尔·盖茨呢！……”

听完这番话，学生们的脸上露出了欣喜和兴奋的神色。我说出了和学生的共同点，同时也暴露了自己的缺点，表达了和学生成为朋友的愿望，成功地营造了“自己人”的气氛。①

【应用分析】

案例中的教师，在新学期接触新学生时，为了让学生最快地对自己感兴趣、产生认同感，就运用了“自己人”效应，让学生觉得教师与自己之间的距离并不是太大，是和蔼可亲的，从而会自然而然地形成“自己人”的形象。

这对于教师教育行为有很好的启示：如果我们能让学生感觉是“自己人”，那么对他做出的评价，他就会比较容易接受。以当遇到情绪、思想、行为等方面不稳定的学生时，教师就有效利用“自己人效应”，可以获得学生信任，营造良好的沟通环境，走进学生的心里，达到事半功倍的教育效果。

---

① 包士娟.做个学生的“自己人”[J].中小学信息技术教育.2009（12）

具体来说，教师可以从下面几个角度努力，强化师生之间的“自己人效应”。

（1）平等是第一要素。要想取得对方的信任，就要缩短和对方之间的距离，使双方处于平等地位。如果教师一直摆出一副居高临下的姿态，怎么都不可能让学生感觉平等，这对教育没有任何助益。

（2）要真正对别人感兴趣。要想让学生对教师感兴趣，对教师的言语感兴趣，首先要能保证教师先对学生感兴趣。卡耐基说过：“你要是真心地对别人感兴趣，两个月内你就能比一个光要别人对他感兴趣的人两年内所交的朋友还要多。”

（3）要增强自己的“可信度”。在人际交往的过程中，要想提高言语的可信度，必须要让别人觉得你说得在行、中肯、动听，才能增强信息传递的效力。这其中存在着一个“隐藏动机”，也就是指他人对你言行动机的理解，如果他们认为你的言行是出于高尚目的而发，就会更加信服你的言行；反之，一旦他们认为你的言行完全是出于私利的目的，就会很难信服。教师的教育行为从根本上来说，是出于高尚目的的，但是教师千万不要用不当的言语，让学生感觉到教师对他的关注，只是为了不拖班级后腿等带有嫌弃意味的目的，这会使你的言行失去让学生信任的土壤。

（4）优化个人的个性品质。社会心理学的研究表明，人的内在品质是产生持久吸引力的关键要素，而有些性格特征，则会阻碍人与人之间的这种吸引力，不利于“自己人效应”的发挥。教师就要能够强化一些优秀品质，使自己成为具有品格，有才华、有魅力的人，从而才能让学生对你产生钦佩感，愿意把你作为“自己人”而接近。

林肯曾经说过：“一滴蜜比一加仑胆汁能够捕到更多的苍蝇，人心也是如此。假如你要别人同意你的原则，就先使他相信：你是他的忠实朋友即‘自己人’。用一滴蜜去赢得他的心，你就能使他走在理智的大道上。”教师就要努力，让自己的言行成为这“一滴蜜”，从而才能收获学生的更多信赖。

主题 3　负强化的心理效应

负强化，是指通过减弱原有消极刺激，从而导致我们以后进行某一行为的可能性增加的行为或反应，也称为“阴性强化”。在负强化中，是通过对厌恶刺激的排除来增加某一行为或反应在将来发生的概率。有时候，会表现为撤销原本存在的消极刺激，如撤销错误言行、撤销批评等。教师要能够认识到对学生的成长会带来负面影响的一些因素，并且积极消除其负面影响。

一、晕轮效应——摘掉有色眼镜看人

晕轮效应，也称为“光环效应”“光圈效应”等，是指人们对别人的认知判断，首先会对某一方面的特征做出好恶的判断，然后据此推论出这个人其他方面的特征，这是一种以偏概全的认知偏误。

【效应描述】

20 世纪 30 年代，美国心理学家爱德华·桑戴克首次提出了晕轮效应。他认为，人们对别人的认知，常常都是从局部出发的，进而扩散得出整体印象，以偏概全。当一个人被标明是好的时，他就会被罩上积极肯定的光环，被赋予所有美好的品质；相反，当一个人被标明是坏的时，那他的一切就都是坏的。这就好像月亮周围有时会出现的圆环（月晕），它并不是真实的，只是月亮光的扩大化而已。从而，晕轮效应也就被称为“光环效应”。

心理学家戴恩针对这一效应做过一次实验。他随机选择了一些人参加实验，让他们观看一些照片，照片上的人魅力高低各不相同，然后让这些人从与魅力无关的其他方面来评价照片里的人。结果显示，人们对于富有魅力的人要更多地赋予好的人格特征，而那些魅力不足的人，人们在他们身上赋予的好的人格特征会比较少。这可以简单地称为“以貌取人”。将其扩大化一些，还会出现“以服装取人”“以初次言谈取人”，等等，尤其是在对不熟悉的人进行评价时，这种效应表现得更加明显。

【教学应用】

许多学生进入高中阶段以后，随着单词量的急剧增加，语法难度的增大，课文篇幅较长等，学生一时无法适应，甚至会无所适从，对英语逐渐产生畏惧心理或有直接想放弃的念头。为避免这种现象的发生，教师可以用激励性评价来作为学生学好英语的催化剂。

如多引导学生看图、讨论、发表自己的看法和观点，如果学生言之有理或学生积极踊跃，教师就给予肯定。

又如，多数教师习惯让学生背诵，坚持有“背”无患无可厚非，但对于部分同学，若熟读或能复述已经难能可贵的话，强行要求背诵就有些勉为其难了，不如对这些同学先给予正面肯定，再逐渐提高要求，使之循序渐进，学生也会有前进的动力。反之，如果教师一句不经意的话，“As a senior student，how silly you are！Just a stupid pig！”其给学生造成的后果可想而知。①

【应用分析】

案例中提到的英语课堂，作为一门语言课程，对于教师和学生的互动要求更多，当一个不愿意开口说英语的学生遇到了一个积极鼓励学生、热情评价学生的教师，就会在教师及时、热情的赞扬下有想要开口说的欲望；反之，如果听到的都是不遵循学生实际的要求和严厉的批评，甚至训斥，则会大大降低学生学习英语的兴趣。

这个案例就启示我们，要能对每一个学生都饱含爱，尽力摒除“晕轮效应”的影响，去努力发现他们的优点和特长，进而找到适合他们的最恰当的发展方法。

（1）避免以貌取人。有时候，学生的外在表现，并不代表他们的内心所想，教师要能够拨开表层的迷雾，真正发现学生的品质本身，注重对他们的心理、行为等深层次的了解，才能真正触及学生的内心。

（2）避免循环证实。心理学研究中有一种循环证实，是指一个人对他人

① 刘丹萍.晕轮效应在高中英语教学中的运用［J］.中学生英语.2014（5）

的偏见，常常会得到自动的“证实”。比如说，你怀疑某个人，这种怀疑时间一长自然会被对方所知道，对方必然会因为你的怀疑而产生戒心，和你离心，而对方的这种反应，又反过来会让你觉得自己当初的看法是正确的，是有先见之明的。这种循环证实，会让人们陷入越来越深的偏见里去，陷入晕轮效应的迷宫中难以走出来。这就提醒教师，当你看不惯某个学生时，首先需要理智地检讨下自己，看看自己初始的行为有没有受到晕轮效应的影响，从而才能避免从一开始就陷入恶性循环中。

(3) 注重第一印象，又要能打破第一印象。教师与学生的初见，必然会对彼此有最直观的第一印象。教师要重视第一印象的作用，对学生有一个直观的认知。但是同时要认识到，这种印象是粗浅的、外在的，并不能代表学生的全部品质，教师要能不囿于第一印象，不先入为主，在不断的观察中慢慢地形成对学生的认知。

二、刻板效应——不用既有认知看待学生

刻板效应，也称为刻板印象，是指人们对某个群体有了一种固定的看法和评价时，就会对群体中的个人也赋予这种看法和评价。或者是将人或者事情进行机械的归类，将某个具体的人或某件具体的事情，视作某一类人或者某一类事情的典型代表。

【效应描述】

苏联社会心理学家包达列夫针对这一效应做过下列实验。

他将同一个人的照片分别拿给两组人看，照片上这个人的特征是眼睛深凹，下巴向外翘。实验进行时，他对两组人分别进行了不同的介绍，对第一组人说照片上的人是个罪犯。对第二组人说照片上的人是个学者。然后他要求两组人分别对照片上的这个人进行特征评价。第一组人评价说，照片上的人眼睛深凹说明他凶狠、狡猾，下巴向外翘说明其顽固不化。第二组人评价说，照片上的人眼睛深凹说明他有深邃的思想，下巴向外翘说明其极具追求、探索真理的顽强精神。

为什么会出现这么大差距呢？

这是因为人们对于某一类型的人已经有了定型的认知。当把这个人当成

罪犯时，他的面部特征自然就和罪犯的那一型品格挂起钩来；相反地，当把这个人当成学者时，他的面部特征就又会和学者的那一型品格挂起钩来。这种心理定式就是刻板效应。

刻板效应虽然能够在一定范围内做出判断，但是其忽略了个体的差异性，往往会影响正确的判断，形成偏见，如果不及时纠正，还有可能进一步发展，成为成见，或者扭曲为歧视。

人们不仅会对接触过的人产生刻板印象，很多时候还会根据一些笼统的间接资料对从来没有接触过的人产生刻板印象，比如说，英国人是保守的，美国人是热情的，等等。

【教学应用】

在教育教学活动中，性别刻板印象，是很多教师都会遇到，但都会忽视的。

案例 1：在一节课上，教师预设了一个问题，结果没有人回答老师问题的时候，教师不由自主地说："男孩子做个表率!"

这时，教师已经将一种刻板印象带给了孩子。女孩子们在这时会认为一些表现出承担、表率的行为应该是男孩子去做出的，而女孩子则可以不用做出一些承担或者是表率。

案例 2：全校选举大队委，原则上应按照班级的无记名投票选出每个班最具有领导力、最称职的孩子。而校方对全校同学做特殊说明的一点则是，这次的大队委主要是由男孩子当选，这样做的原因是"让男孩子多锻炼，多有机会为同学们做更多的事情"。其结果则是，除非某个班实在是因为票数差距过大，而不得不让女孩子当选，其他的班级都选出了自己的男大队委，顺理成章地每周去开大队委会了。

在小学阶段的很多表率作用、榜样行为都是女孩子作为主角出现的，教师们更愿意让表现出更多顺从、服从的孩子去当选班干部，而女孩子则更多地表现出这种顺从性。但是在课堂上，这样的行为往往得到了相反的结果。需要学生去交流的时候，具有顺从性的女孩子往往不敢去交流，而敢交流的男孩子则说不出多少有用的内容。同样，由于在课堂中教师的注意力往往放在淘气的男孩子身上，男孩子被叫起的概率就增大了。在没人发言的时候，往往想到的不是一直沉默寡言的女孩子，而是平时总被叫起的大多数男孩子。①

【应用分析】

案例中表现出来的对于性别的刻板影响，是教育教学活动中经常存在的。类似的刻板影响，还包含对于农村学生的刻板印象、对独生子女的刻板印象、对单亲家庭子女的刻板印象等等，教师对于这些群体的认知，必须要能打破，要努力地运用各种方法，纠正刻板效应。

（1）深入群体中去。要想了解一个学生的具体情况，必须要能深入学生群体中去，和他们一起聊天、一起参加活动等，从而才能有更直观、更具体的认知。

（2）注意多观察、多思考，有意识地寻找与刻板印象不一致的信息，而不是别人说什么，你就信什么。

（3）学会换位思考。大多数刻板印象都会带有评价的意味，被评价的对象很多时候会觉得自己被误解了。因而，要能尝试站在对方的角度去感受，去理解对方因为刻板印象而产生的困扰，就能很好地冲破这一效应的枷锁，客观公正地看待人或事。

（4）冲破传统思维的束缚，敢于打破常规去想、去做，才能不受到刻板印象的干扰。

（5）做到三思而行。刻板印象是一种自动化思维，很多时候，在我们意识到它的存在之前，它就已经基于过往的经验而自动形成了。因此，我们在对某个人进行评价或者对某件事进行判断时，要能够反复思考、认真考量自己是否产生了偏见，才能及时地进行修正。

---

① 案例来源：浅谈小学教师性别刻板印象对学生的影响——一种基于社会性别视角的解析.张永斌

后　记

在编写本书的过程中，编者借鉴和参考了国内外一些知名专家的著作和研究成果，引用了一些教师的案例和博客文章，在此向所有专家、教师致以衷心的感谢！受沟通渠道所限，我们未能与所有作者都取得联系，敬请相关作者与我们联系，我们的电子邮箱为：taolishuxi@126.com。

编　者